海上风文丛

南方之南的诗学

刘复生 著

海南出版社
·海口·

图书在版编目（CIP）数据

南方之南的诗学 / 刘复生著. -- 海口 : 海南出版社, 2022.9
(海上风文丛 / 刘复生主编)
ISBN 978-7-5730-0351-5

Ⅰ. ①南… Ⅱ. ①刘… Ⅲ. ①中国文学—当代文学—文学研究—海南 Ⅳ. ①I206.7

中国版本图书馆CIP数据核字(2022)第005611号

本书系海南大学人文社科类科研创新团队
资助项目（HDSKTD202020、HDSKTD202021）系列成果之一

南方之南的诗学
NANFANG ZHI NAN DE SHIXUE

作　　者：刘复生
责任编辑：白　多　吴　馨
特邀编辑：刘金玲
封面设计：蒋　浩
印刷装订：海口永发印刷股份有限公司
海南出版社　出版发行
地　　址：海口市金盘开发区建设三横路2号
邮　　编：570216
电　　话：0898-66816923
开　　本：889 mm×1 194 mm　1/32
字　　数：179千字
印　　张：7.25
版　　次：2022年9月第1版
印　　次：2022年9月第1次印刷
书　　号：ISBN 978-7-5730-0351-5
定　　价：48.00元

序

韩少功

人们常说眼见为实，其实“实”总是因人而异。哪怕同看一片风景，与成人大不一样的，是婴孩只能看到一堆杂乱色块，无从辨识和表述草、木、山、水、云、天等事物；与专家也大不一样的，是一般成人大概很难辨识和表述生物学、物理学、地质学、气象学、社会学、营养学等内容。说他们看过一片共同的风景，差不多是笑话。

由此可见，任何看，任何解读，都无不受制于认知主体既有的知识积累，不过是有关智能训练分别塑造甚至创造出来的对文学的解读也大体如此。

海南地处中国文化现场的后排座和末梢端。但最近数年来，这里逐渐聚集了一批中青年文学批评家，视野开阔，思想活跃，勤奋积学，忠直立言，收获了一批可观的解读成果，在这里形成一套丛书，值得高兴和祝贺！

批评是创作的再生产，是实现文学价值链的下半场，不仅构成了对创作的诱导和监控，而且在很大程度上，训练了主流受众的阅读眼光，在读什么、怎么读这些关键环节，制约着文学效益的得失增减。从某种意义上说，好读者是好作家滋养出来的，好作家也是好读者倒逼出来的，而批评家最应该成为引路的好读者。至少在 19 世纪后期至 20 世纪前期，我们见证过俄国文学批评与文学创作双峰并立，互相激发，互相推动，互相放大，作为社会风气和历史形态的变革最前沿，最终成就了一个文学的高光时刻——依该国某些人士后来的说法，他们那时的哲学、法学、史学、政治学、经济学、人类学等，相形之下都不免稍逊风骚，差不多只是人文启蒙的配角与助攻。

那是一个奇迹，却也是可能。那时俄国的优秀批评家们，包括不少专职的和偶尔串场的，虽也有历史的局限，但他们其上接天——充分汲收人类文明的全部知识成果，其下着地——深切体察人民大众的各种生活实感和心灵脉跳，因此能给自己的书写注入活血，注入中坚担当和创造性，爆发出改变世道人心的磅礴力量。

那时的光荣与梦想，或许能再现于来日，再现于文学千变万化但仍然生生不息的 21 世纪。愿作家与批评家都为此砥砺前行。

2020 年 4 月

自序

收入这个小集子的文章，大都是近年来关于海南文艺现象的评论，也算是我作为海南文艺工作者对本土文化应尽的义务吧。其实这也是本套丛书的题中之义。

海南背倚内陆，面向大洋，披襟当风，既是边缘，也是前沿。此之谓“海上风”。

海南，历史上曾是蛮荒的南方极限，这反倒使她成为中华文明最边缘的流放地与保留地，也成为孤悬海外的文明沉淀池。漫长的古典年代，内陆主流文明借由体制的教化系统，一以贯之，而内陆兵锋和饥荒以及政治动荡，却被海峡所阻，强弩之末，最终消融于无形。海南由此静悄悄地完成了文明在日常生活中的层累与涵化。

所以，海南最保守，即使经过旋生旋灭的商业化大潮的冲击，仍保留了较之内陆更流宕的传统语调，恰如海南方言的曲折。

海南最开放，居南洋之冲要，一直沐浴在八面来风之中，包纳万邦，接受异域文化滋养，幅射中华文明，成为文明融汇的前沿。

这样的历史，这样的性格，或许注定了海南在未来文明创造中的特殊使命。

南方之南，是所望也。

其路也远。立此短序以为记。

目录

第一辑

第二辑

第三辑

第四辑

附：访谈与自述

第一辑

重返"短八十年代"

——《修改过程》的精神现象学

据我观察，韩少功在近年来关注的一个核心主题，是二十世纪六十年代经由七十年代，如何过渡到了八十年代，并进而演变为九十年代，这一过程蕴含着怎样的精神现象学秘密，有着怎样的历史逻辑，上演着怎样的历史狡计？韩少功试图对此进行思想的把握与艺术的呈现。利用小说家的特权和便利，他借助故事和活生生的人物形象，再度进入了复杂暧昧的历史现场或虚拟现场，展开了历史和精神的考古学。而这之所以可能，是因为进入二十一世纪之后，二十世纪九十年代的历史逻辑已充分展开，它和八十年代及六十年代之间的关联也已经基本暴露。这为我们理解前三十年和后三十年之间的关系提供了条件。作为历史的参与者和塑造者，那些本色不改的知青一代的真正代表，更渴望通过写作重新理解自己，认识自己扮演的真实的历史角色和应承担的历史责任。其实王安忆的《启蒙时代》要处理的也是这一主题。最后，他们的关注点都落在了二十世纪八十年代上面。

为什么是二十世纪八十年代？因为它连接起了前三十年和后三十年，是理解历史的时间枢纽和关节点。我这里说的八十年代不是一个纯时间概念，而是一个精神现象学的断代，是“短八十年代”，它最典型的段落是 1977 年到 1984 年。

二十世纪八十年代，是中国当代史的转折点，它既是断裂又是延续，其中最重要的就是对六十年代革命遗产的明里的反叛与暗中的继承，它成为极具包蕴性的历史时刻，是时间的奇点，具有无限的潜能和可能性；它既显示为创造历史的理想性，又表现出泥沙俱下的虚无主义；它既生机勃勃，又放浪颓废。而这种矛盾的历史性格都烙印在知青一代大学生的身上。事实上，这种历史性格正是主要由他们创造的。但是，这种丰富和芜杂，生机勃勃和泥沙俱下的状态，在二十世纪八十年代末到九十年代，连同它创造历史的能量，却逐渐消减，并具体化和体制化，最终缩减为单调的市场社会的循规蹈矩和普遍同质的市侩性格。如果说历史是一个文本，那么是什么力量完成了这个修改过程？作为历史的当事人，这一代人回望历史，是否还能记得他们的初心？是否愿意正视自身的变化？甚至是否还有勇气记忆当初生命经验的复杂与暧昧？

二十世纪九十年代末以来，韩少功一直在步步逼近八十年代这个坚硬的历史核心，那是一代人精神变异和分化的原点。重返二十世纪八十年代，开始于《革命后记》和《日夜书》，再延续下来就是《修改过程》。

《革命后记》直接处理红卫兵和知青一代人的精神起源，重新思考二十世纪六十年代革命精神和理想主义遭遇到的困境，和它最终走向反面的历史辩证法。理想主义收获的是糟糕的七十年代政治，这是个压制性的专断的社会，也是一个异化的社会主义体制。这段失败的革命探索期也是红卫兵和知青一代人成长的关键期。

这部小书并没有专门讨论红卫兵或知青的具体命运，但却以一个亲历者的回看视角提供了真切的经验和深入的反思，虽然我们可以就其中的某些判断进行讨论，但是，这本就不是一部严谨的史学著作，而是要从知青的立场上重现“文革”时期极端复杂的社会政治格局和历史情境。在这样一种物质和文化前提下进行激进的社会主义文化实践，似乎注定了它的悲剧结局，这种失败也就从两个方面深刻塑造了知青一代人：它的理想主义创造性，以及失败的创伤导致的对革命理想的叛逆和虚无主义精神。这是走向二十世纪八十年代的思想前提和心理动力，也是它变质为九十年代的性格基因。

《日夜书》和《革命后记》创作时间比较接近，它正面书写“继续革命”退潮后的知青生活，以及当年知青在二十世纪九十年代以后的生活情状。小说所要处理的是二十世纪七十年代与九十年代的关系。知青们从革命中出走，但却以否定性的方式携带着革命馈赠给他们的生命能量和创造力，知青中的精英们在乡下进行自我启蒙，以自我英雄化的姿态挑战着平庸的现实生活，在思想的领域里寻找着理想远景，马涛等人的“反革命集团”事件只不过是这种不安分的极端表现罢了。然而，在随后的开放年代，知青一代的革命性和批判性能量很快耗尽，在一种虚假的自我意识中，在对所谓现代目标的坚持中，他们的精英分子落入了历史狡计预备好的陷阱。

《修改过程》重点处理二十世纪八十年代，这也是最难的，留在了最后。

小说借由 1977 级大学生的命运展开，我们知道，二十世纪八十年代的思想主潮在很大程度上是由知青一代，更准确地说是知青一代大学生创造的。他们很快就占据了社会文化的重要位置，获得了巨大的思想文化能量和影响力，也成了知青一代的代言人，拥有了替历史和人民发声的主体身份。而这一过程也是一个复杂的知青经验或二十世纪六十年代经验被主流意识形态收编的过程，伴随着对知青和红卫兵一代生命经验的窄化的提纯。大学生知青以历史受难者的身份归来，控诉二十世纪七十年代政治文化，以启蒙主义的语言延续了六十年代的反体制主题，获得巨大的感召力和合法性。但是，它在革命退潮后所形成的精神分裂症也开始发作和加剧，经由崇高的启蒙个体，迅速过渡到狭隘的个人主义，“我不相信”，也从正当的文化反抗走向了虚无主义。

《修改过程》呈现了从“继续革命”走向市场时代的逻辑演化。但它真正要说的或许是：历史并未注定！作者带领我们穿越回历史现场去对质，指认那些复杂的历史样貌和多重线索。他要辩白这一代人的无辜，他更要指证这一代人的有罪。而更多的时候，他竟无言以对。

二十一世纪以来，韩少功的小说经常引入当下时间与历史时间形成戏剧性对话，如《第四十三页》和《日夜书》。《修改过程》同样如此，人物和故事穿越于二十世纪八十年代初与当下时间之间，历史的沧桑，激发的主要还不是人生的感慨，而是历史戏剧借由个体上演的变脸游戏，时间让初心走了样，让庄严成为滑稽，暗藏的逻辑慢慢萌发直至长成大树，也为成功者所追怀的历史抹上了反讽色彩。

1977 级大学生，他们不遵循学校规则，敢于挑战学校权威，反对校方禁舞和限电；他们奇思妙想钻空子，厕所里打牌煮面条……这隐约闪现着二十世纪六十年代的反体制精神。1981 年支持学生运动的国企煤矿老总，多年后成了副省长，与已成企业家的当年大学生马湘南在列车软卧车厢相遇，他不禁感叹，“那时都是初生牛犊不怕虎，有点像一个时代的早晨”“那时的人们不无幼稚，也不乏热情天真。是不是？现在呢，找一个比喻的话，可能就是新时代的正午了”“也许，人们多了些成熟，也多了些世故”。意味深长的是，当年支持学生活动的热血青年，现在操心的全是经济发展和维持稳定，与老板颇能聊得来。

林欣代表了二十世纪八十年代“纯真至情”的一面。小说中有一个重要的情节，1982 年毕业之际，同学们在赵小娟家聚会，大家意气风发，约定 10 年后同一地点再聚，不见不散。结果 10 年后的 1992 年（改革史上的一个重要而特殊的标志性年份），林欣如约而来，却发现只有她一人还记得，大家早就将这次约定抛到九霄云外，赵小娟也早已搬家，此地已经成了一家银行营业部（这又是暗含讽喻），大家已经投身新的时代，只有林欣的心灵还停留在八十年代——或许她只是想重温一下旧梦和初心。在营业部门前，她独自撑伞在大雨中等到半夜，痛哭而去。

小说对二十世纪八十年代初的历史给予了严厉的批判，或许，在韩少功看来，从革命失败的废墟中挣扎求生的一代人，心性中埋下了深刻的颓废与虚无，虽然最初在形式上保留了抗争的精神和反体制的革命基因，但毕竟敞开了自私的心灵大门，此后的所谓启蒙时代，很快就滑向了清教压抑之后的欲望的报复性反弹。

更值得注意的是，经过失败的二十世纪六十年代革命，一切似乎都未改变，世界仍然是旧世界，社会结构尽复旧观，旧日社会精英借助新语言重又开始了对权力与金钱的追求。由于二十世纪六十年代革命已失败，丧失了对冲的维度，社会精英们愈发无所顾忌，变本加厉。马湘南，特殊的家庭背景，混迹于红黑黄三道，唯利是图，充分利用时代的高调观念和文化口号，达到利益的最大化，正如他在二十世纪六十年代的作为（虽然小说没有正面记述）。他满嘴时代的时新词汇（虽然一知半解），无非是为了争人气、拉流量、挣钱捞好处，他在广场上高呼自由反体制，转过身来就去低声下气地拍官员的马屁，利用家庭的特殊资源揩政府的油；

他今天慷慨激昂地组织学生运动，明天却挖空心思拉政府的项目，后天又利用关系网摇身一变成为财大气粗的老板，靠与高官名人的合照等套路混得风生水起。虽然从来没有正经读过一天书，但他却在同学中间成了颐指气使的领袖。他永远是时代的精英。虽然马湘南们也会在包厢里怒斥时代的靡靡之音，换上《打靶归来》或样板戏吼上一嗓子，并不乏真诚地陶醉其中，但他和其他同学们怀恋的却未必是同一个时代。马湘南在公司给员工培训企业文化，套用集体化时代的管理模式，革命纪律成了治理公司的法宝，“三大纪律八项注意”成了提高利润的利器，虽然把原文的“群众”改成了“顾客”。他要求员工必须会背诵，有的员工背不熟，就会立刻被开除。

至于“假马列”的班长楼开富，满口政治教条，甚至骗得自己都相信思想觉悟高于群众。其实他一肚子陈腐的门第观念和封妻荫子的功名心，他只关心自己的前程和利益，无孔不入，极尽钻营之能事。但同时，他又胆小如鼠，被官场的等级制规驯得谨小慎微、唯命是从，已经从内到外成为官僚机器的一颗螺丝钉。这同样是二十世纪六十年代革命失败后的产物，官僚科层体制和名实相悖的道德的虚伪，这本身也是另一种虚无主义，表征了理想主义的空洞化与合法性或感召力的丧失（《革命后记》对此有详细的展示和分析）。二十世纪八十年代的欲望革命和世俗化权利的抗争，针对的往往就是这种丧失内容的假道学，它已丧失实质性内容而沦为纯形式化的意识形态教条和道德说教，从而为全面拥抱市场社会提供了精神势能。肖鹏这样的玩世不恭的现代派文艺青年最反感的正是楼开富这样的假道学。在小说中，有意味的是，楼开富毕业时如愿以偿，进了党报，很快升任总编室副主任，娶了厅长的女儿为妻，前程一片光明。很快他就以另一套语言为市场歌功颂德了。党报也成了他个人谋利的资源，于是官商合作，与穷奢极欲的马湘南一拍即合。

在这里，我发现韩少功对历史的某种灰暗的判断。革命固然给历史带来了改变，在人心中打下不可磨灭的烙印，但是它的成果却并不稳固，总被雨打风吹去。日落江湖白，潮来天地青，人类追求理想的时代潮水总是那么易于被浊流所污染，被浑水摸鱼的投机分子所搅乱，被权谋者所悄悄引领和改写。不管初衷如何，起点怎样，它总会走向我们意志的反面，这就是历史的辩证法或历史的狡计吗？这就是我们难以抗拒的命运吗？

韩少功悄悄地走向了鲁迅式的反抗绝望。

韩少功一直关注道德问题，进行着人性批判。这是他自二十世纪九十年代以来关注的潜在的核心议题。这种道德或人性批判，决不能和主流的启蒙主义思潮混为一谈，它其实是对鲁迅以来的某种深刻的历史判断的再度回应。鲁迅进行国民性批判的目标绝非论证现代性的合法性，在我看来，他借由国民性问题要表达的是革命的人性前提问题。别忘了，鲁迅的写作前提和潜在动力来自民国革命的事实上的失败，没有新的人性或新的道德，阿 Q 们决不会造就一个新的国，辛亥革命的失败即在于它既缺乏这样的人性基础，又没有致力于创造这样的基础和前提。这一缺陷在很大程度上被后来的无产阶级革命所弥补，它把潜伏在阿 Q 们身上或内心结构中的一个个孤立的“瞬间”及潜能上升为革命的能量，革命在追求一个新世界的同时也在造就新的主体。[1]但是，先锋政党太乐观了，政治革命的胜利又极大地遮蔽了这种历史任务的长期性和艰巨性，它需要物质条件的漫长积累，新型社会关系的渐进式培育，不可能通过社会运动快速地跃进。事实上，这也就是胡风强调鲁迅的启蒙主义的深层原因，尽管它淹没在胡风零乱混沌、夹杂不清的表述中。胡风二十世纪四十年代提出的“精神奴役的创伤”的观点，

① 汪晖：《阿 Q 生命中的六个瞬间》，华东师范大学出版社，2014。

正是要在一片乐观的类似民粹主义的潮流中，表达他的鲁迅式的忧虑。当他在《希望》杂志发刊词《置身在为民主的斗争里面》中说："他们的精神要求虽然伸向着解放，但随时随地都潜伏着或扩展着几千年的精神奴役的创伤"[①]，他真实的表达是，要警惕人民仍未成熟所埋藏的巨大隐患！真正的革命难以成功，或仍将反复，如果它的人性前提尚未具备，人的问题仍将是革命的根本问题或首要问题。在普遍的乐观氛围中，这样的启蒙主义思路未免是不合时宜的。但二十世纪五十年代末期以来的历史现实似乎印证了这种判断。我们希望通过革命造就新人，但革命却要求新人作为它深入推进的前提，于是，急切的革命者迫不及待地将革命深入到文化和内心世界。可是，人民的普遍不成熟状态，注定了这将是一场走向反面的失败的探索，二十世纪六十年代的灾难性混乱，需要负责的并不仅仅是政治家。正是在这种历史前提之上，我认为，二十世纪八十年代初的启蒙主义对人性的批判仍部分带有对人民政治不成熟的批判，它在钱理群这样的鲁迅研究者身上得以体现，当然，它的主流很快就走向了另外的方向，成为拥抱西方现代化的说辞。

韩少功在二十一世纪试图重新回到鲁迅和胡风的这一传统，他要用形式上的人性批判反省知青一代的政治责任。显然，知青一代同样体现了人民的不成熟状态。

韩少功的视角悄悄地附着在人物肖鹏身上，以戏谑化的笔法进行着批判和审视，虽然他想用这种狂欢化的处理掩藏批判的锋芒，并且也毫不客气地对肖鹏本人进行了反讽性的书写，但是还是不难感受到一种激愤的情绪在暗中涌动。叙事人对陆一尘这样的文化英雄，包括"我"在内的当代成功人士进行了断然的否定和讽刺，尽管"我"还心有不安，心有不甘。正是由于这种游戏性的笔法，

---

① 胡风：《胡风全集》第 3 卷，湖北人民出版社，1999。

阻断了读者的情感认同，时空的频繁穿越，把二十世纪八十年代和九十年代以后的当下生活场景加以戏剧化的对照，使我们的阅读始终保持了一种批判性的间离状态，让套层叙述的故事人物时常出戏，尴尬不已。借助肖鹏的网络小说和同学们的互相揭短，将各自不愿正视的糗事抖露出来。这是对二十世纪八十年代以来主流知青文学自我英雄化和青春怀旧体叙事神话的无情解构。这种神话试图将历史单面化，缩减为一维，强调知青受历史迫害的纯洁形象，这种神圣履历成了日后成功的源泉和应得的人生报偿，《日夜书》对此有着更为出色的描写，当然，这种成功学教材和人生案例，悄悄地抹去了那些不成功的知青，也将来自真正民间的非知青大学生们逐出了主流叙述和聚光灯，如《日夜书》中的秀鸭婆、郭又军，《修改过程》中的毛小武和史纤（原名史供销）。陆一尘、楼开富和马湘南们拥有话语权和历史解释权，甚至肖鹏和林欣也参与其中，他们成功地告别了革命和二十世纪六十年代，也摆脱了过渡期的八十年代式热情，意气风发地迈向了九十年代。

小说的附录真是无比尖锐的讽刺啊，那就是主流的知青叙述的样本。

小说运用了元小说手法，正是为了表达叙事人的这种不确定，内心的犹疑与挣扎，也表达了作者对这一代人的自省与自我批判，通过这样的叙事过程的裸露，对叙事真相的回避与呈现，小说保留了历史的多重性、可能性。二十世纪八十年代成为一个有着交叉小径的花园。叙事人和故事人物对历史记忆的修改，既是要掩盖历史的创伤性原点，又隐藏着对既成事实的历史后果的不甘心。二十世纪八十年代和知青一代是那么复杂暧昧，一切的种子，好的坏的，在当初都已种下，当事人并非无辜，但是，与此同时，那么多机会又被错过，他们也被自己和历史所辜负。

于是，元小说的形式具有另一重结构性的表意功能，它展开了一组平行宇宙，那是二十世纪八十年代已经消失的多重可能性，在小说中，这些时空在一个平面上相遇，八十年代的大学生知青们在平行的时空中与陌生的自己相遇。其实，这也是二十世纪六十年代、八十年代和九十年代的相遇，另一种六十年代、八十年代在虚线上延长，并与九十年代相交。

在多重宇宙的叙事线索中，楼开富有两个人生版本。在 A 方案中他出了国。如果不是意外的家庭变故，这个改革时代的于连不会认识到，他自己费尽心机，其实从来没有真正融入权力阶层把控的血统论的上流社会。他之所以成为政治投机者，其实也是源于出身下层，不愿接受命运安排，非要追求政治平等。最后的这种幻灭才导致了他的命运转折。潜伏的二十世纪六十年代精神复活，于是出国寻找新生活——需要指出的是，八十年代的美国其实只是一个抽象的、另类的乌托邦化的象征，或理想新世界的代称。B 方案中，楼开富继续投机，最后又摇身一变，从党报下海，成了洋买办，专门经营移民中介业务。根据小说叙述，我们不难看出，

B 方案才是所谓的现实生活，A 方案只不过是肖鹏虚构出来的一种可能性，它是被修改的人生过程。

《修改过程》总体上是从知青的立场上叙事，不过小说中的大学生并不全是知青出身，还有非知青的工农子弟，比如毛小武和史纤。他们仍具有底层的质朴，和启蒙主义的二十世纪八十年代精神多少有些隔膜，他们秉持着来自民间的正义感和道德原则，这妨害了他们的成功。他们自然成了这个时代不折不扣的失败者，也没有机会进入成功者或社会精英的同学聚会。

农民子弟史纤带进来的乡土世界的逻辑，显然和现代启蒙主义不配套，他泼大粪驱鬼的情节，让人忍俊不禁。史纤的价值观成了二十世纪八十年代科学主义的现代化主潮的逆流。不过，史纤的存在，也在表明，即使在八十年代，科学主义和现代理性最

如日中天的时候，也没有真正一统天下，只不过，史纤们被时代的叙述刻意抹去了。这就是意识形态的“修改过程”，在史纤的故事告一段落时，元小说的旁白出现了：

> 在小说的下一程，史纤被肖鹏改写过好几次。
>
> 有一个他古汉语科目考出了全系最高分的故事，有正面励志意义。有一个他与食堂女厨师交往的故事，稍加渲染也能成为荤料，可成为某种卖点。还有一大堆他老家的故事，富有乡土风味和神秘感，虽有些读者不一定喜欢，但老班子可能就好这一口，某些西方人士也可从中猎奇，一见异国情调便眉飞色舞。肖鹏在文科院校混过这么多年，对此套路还是略有所知的。

这就是我们熟悉的二十世纪八十年代的主流知青文学的套路。这种套路自然也没有史纤的位置。他被时代判定为精神病。

小说为史纤同样安排了 A、B 平行情节线，而且，在 B 线中，来自两个平行宇宙的史纤还相遇了，一个是时代的失败者，乡村教师，精神病患者史纤；另一个是功成名就、回母校讲学的研究员史纤或史供销。

哪一个是真的史纤？

当然，从总体上看，这些多重人生并没有什么太大的不同，历史的可能性似乎已先验地被历史所限定，这里潜伏着韩少功对二十世纪八十年代注定走向沦落的悲观判断。

《修改过程》还呈现出反讽性、戏谑化和狂欢化的风格，以这种姿态夸张的修辞，韩少功试图去呈现二十世纪八十年代自身的分裂和戏剧化的性格，它真诚而虚伪，粗鄙中蕴含着庄严。它借宏大理想话语去包裹世俗算计。这一切交织纠缠，情真意切而又言不及义，内容与形式高度悖反，能指与所指互相脱离，从而呈现出强烈的反讽性和滑稽色彩。二十世纪八十年代是一个典型的反讽时代，狂欢性既是当时历史的生动写照，更是今日反省视角下的事后指认。

三本书，处理三个时代，内容不同，叙述方法也不同。《革命后记》是史论，采取了一种冷静的理性批判的伪学术语调；《日夜书》是复调叙述，以呈现两个时代的戏剧性，将起点与现状并置，把初心与后果对照，从而显示了历史的张力，叙述悲欣交集，更多地以悲剧性为底色；而《修改过程》则以彻底的元小说叙述和夸张的反讽与戏谑，最大程度地呈现了二十世纪八十年代作为过渡年代的丰富与芜杂、生动与暧昧。

为什么叙事人要寻找另外的可能性的分岔，因为他不愿接受现在的生活。现在的生活没有可能、没有变化，一切都已注定，即使曾获得成功的人也是生活的失败者，在小说中都是悲剧的结局，无一例外都受到了历史的诅咒。马湘南家资巨万，但家人之间无法相互信任，家产被纨绔儿子挥霍一空，马湘南最后绝望自尽。直到这一刻，他才认清历史的狡计，并陷入了深深的忏悔。

而新的时代成长起来最成功的人士，知青二代的马波或孙波，以闪光的励志故事，成为第二代的成功样板，但他其实却是个彻底的非人化的现代人，在他那里，一切都转化为理性计算，参加 NGO 爱心组织都被精确地转换为标准的人生绩效分值。作为精致的利己主义和流水线生产的功利主义者，马波精通学问甚至艺术，具有高级的教养，但却充满冷冰冰的非人的气息，这或许是理想中的现代人的未来。有趣的是，这个优秀学生正是林欣的得意弟子。或许，这是在暗示，理想性的二十世纪八十年代的传人也不过如此？林欣，毕竟是小说中最能代表二十世纪八十年代健康正直一面的人物。目送自己的学生乘机飞去，林欣怅然若失。这就是她当初要的未来吗？这就是她当初憧憬的现代新人吗？

> 飞机从那个略显卡通化的梅里达机场缓缓滑出，顶着白炽化的阳光腾空而起。林欣远望绵延天际的墨绿色热带雨林，远望窗外逐渐全面下陷的屋顶和田野，直到一切都模糊不清，缥缈如幻。她把手中一张名片顺手塞入椅背的小布袋——那是对方分手时给她的。

在小说最后的附录中，《1977：青春之约》献礼片脚本，以一种夸张的文艺腔和仿官方政论片的体式，叙说着一代人的光辉经历和二十世纪八十年代以来的历史。他们的经历和他们所经历的二十世纪八十年代终于被修改并定格，修剪掉了毛茸茸的暧昧与混杂，显得那么整洁和美观，充满温情和诗意，让人感动。

想象一个新世界

——韩少功的政治哲学

作为一个思想型作家，韩少功的创作一直具有强烈的社会关怀。对公平、正义的社会理想的追求，构成了他写作的潜在的核心主题，其中也隐含着政治哲学的启示。当然，对更具有所谓文学性的作品类型如小说而言，这一点呈现得往往比较隐晦，复杂与多义，而在其思想性随笔中，则表现得较为清晰，也极富于理性色彩。在他的创作中，随笔占有很重要的比重，而且，其比重还有逐渐增加的趋向，韩少功似乎也越来越偏爱这种直接介入当下现实的写作方式。他的散文随笔也愈发具有思想的厚度，显示出社会政治思想上的成熟与深刻。在他本人的整体创作脉络上，似乎出现了一次深刻的内在转型，作为这种转型的外在表征，他不再以小说为创作的主要文体，而是慢慢过渡到以事实上的杂文为主，即使他的所谓小说如《马桥辞典》《暗示》，更不要说《山南水北》，也明显显示出文体混杂的特征，事实上已偏离了经典的小说体式。很明显，韩少功对文学性的理解已发生了巨大改变，或者说，他已经不再在乎自己创作的是不是文学作品。我们可以发觉，他的创作追求或写作理想（包括如何看待文学与现实、文学表达与思想表达之间的关系），以及他对作家写作的历史责任的认识已发生了巨大调整。

这种写作责任的核心内容就是如何对当代世界做出更深刻的批判性理解，为想象进而建设一个更公正、美好的世界提供新鲜的思想启示，其中也包括做出广义的社会政治哲学方面的探究。在我看来，以韩少功为代表的作家（还包括张承志等人）进行的“越界”思考，是当代真正了不起的思想创造与文学创作。遗憾的是，对他们提供的这份思想启示，以及其对思想史的意义，至今仍未被有效触及。为此，我愿意冒险进入这个话题，对韩少功随笔中的政治哲学进行尝试性的解读。

需要说明的是，本文所要涉及的主要是韩少功的哲学层面的政治智慧，而不是具体的对政治体制和社会方案的思考，虽然它们也构成了韩少功随笔关注的重要内容，我所关心的主要是这些具体论述背后所显示的政治智慧，似乎无须再说明的是，这里的政治当然是指古典意义上的、广义上的政治。

一

韩少功是所谓“右派”与知青两代人中极少数最优秀的作家之一，这种杰出并非由于不乏悲剧性的个人生命史经验和丰厚的历史经验（其他的一些作家也具备），而主要是因为对这份沉重的历史经验的有效而深刻的反省，这使他成为“右派”与知青两代人中少数能走出经验限制，把时代记忆转化为一种宝贵的思想财富而不是思想囚笼的作家，他也因此成为将历史经验转化为人生智慧而不是傲慢与偏见的思想者。

他对这两代人的社会理想主义进行了隐秘升华，而不是像某些人一样，从理想主义坠入价值上的虚无主义；同时，他又时刻警醒着理想主义的可能后果，留意以复杂而丰富的历史经验，以他对历史的在场式见证，暗中校正理想的目标与尺度。

另外，他还有意向这种平和的理想主义注入实践性品格，让自己的社会理想接受思想与现实的双重滋养和双重检验。“我经历大学的动荡，文场的纠纷，商海的操练，在诸多人事之后终于有了中年的成熟。”（《完美的假定》）他有过参加二十世纪八十年代初学潮的经历，进行过将社会主义与资本主义体制相嫁接的乌托邦实验，做过作协机关的改革与管理制度的尝试。[①] 某种意义上说，这些行为既是他理想外在化的必然结果，也是他磨炼、检验自己人生与社会理想的有意为之，它构成了韩少功政治智慧的另一个重要来源。

所以，韩少功是当代极富象征性的作家，某种意义上说，他在随笔中向读者传递的正是曲折、复杂的中国当代史的暧昧而深刻的启示。如果读者足够有心，并具备必要的心智上的准备，从他的文字中，我们可以听见历史对当下的发问与隐含教诲，可以目睹历史遴选的一两代人中的独特代表与自我记忆的角斗，以及他对之进行反刍继而顽强地加以消化，从而生成政治智慧的惊心动魄的戏剧性过程（虽然这一切都慢慢消融进韩少功貌似平静的叙述中，但那不能简单地看作是对历史的和解或谅解，而是真正富于智慧的对历史的理解与认知）。

① 关于韩少功的此类经历，参见何言宏、杨霞：《坚持与抵抗：韩少功》，上海人民出版社，2005；孔见：《韩少功评传》，河南文艺出版社，2008。

二

韩少功拒绝当代的主流意识形态对社会主义历史的妖魔化，他一再结合历史经验否定对“文革”的“全盘否定”。他提醒人们分辨这份沉重历史遗产的复杂性，留意其中的合理性因素以及它的历史意义与潜在的当代价值，他也不失时机地反驳当代主流意识形态对这段历史的不实指责与刻意简化。韩少功试图在历史的前因后果中真实地理解这场复杂的现代运动，包括它所导致的巨大苦难，并试图去把握它沉重的启示与教训。《“文革”为何结束》对“文革”终结的原因，尤其是旧营垒的恢复过程、民众的反应，以及产生的历史后果做出了描述与评价，让读者领会“文革”的政治性质、目标追求与多重历史效应。《革命追问》也客观描述了“文革”发生的历史动力和这场运动的复杂面相，他对红卫兵的政治诉求和对官员、知识分子的处境的叙述，以及对“文革”中政治、经济、科技、文化方面的成就的呈现也极大质疑了当代主流意识形态的简单化理解，在事实陈述的基础上，他有力地批驳了当代主流话语生产的真实逻辑。

也许，在所谓“右派”看来，这种言论是带有某种“新左派”气息的，因为他拒绝自由派人士的“政治正确”。但是，对韩少功做“新左派”的定性无法令人满意，因为从左派那边看来，恐怕韩少功的有些话同样刺耳，可能觉得他太“右”。这不奇怪，韩少功本就无意做个什么派，他自己也曾说最怕被人归入什么派：“我的主张是不管左派右派，能抓住老鼠就是好派，能解释现实就是前进派。”（《韩少功、王尧对话录·革命追问》）

那种非左即右的思维正是他极力避免的，在他看来，告别了社会主义的教条，并不意味着我们要接受市场的教条。对社会主义理想的追求和对它的某些社会政治遗产的肯定，并不妨碍同时对它进行深刻全面地批判性反省，不过，这种严厉的批判也并不导向对其对立面的拥抱与逻辑上的肯定。在这一点上，他是谨慎的，明显区别于某些同代人对历史怀旧式的原谅（他们出于潜在地维护青春记忆合法性的目的，通过有选择地记忆历史而回护了那个时代），“并不是所有的人都经历了当年，都有铭心的记忆。时间流逝，常常使以前的日子变得熠熠闪光引人怀恋。某些左派寻求理想的梦幻的时候，可能会情不自禁地举起怀旧的射镜，投向当年那一张张单纯的面孔。”（《完美的假定》）也区别于满怀激进的理想主义的年轻一代，由于他们缺乏对“文革”历史灾难的真切体认，为了批判当下的不合理秩序，不无偏激地向旧有的社会主义时代寻求批判性的资源与灵感。

韩少功认为，不管是怀旧式的有选择性的记忆，还是理想主义的偏颇，那些对过去时代的美化，虽然对抗着对过去时代的全盘否定式的妖魔化，却是犯了同样的毛病，坠入了同样的逻辑上的陷阱。其客观的结果，依旧是巩固了对历史的单面化认识，事实上反而可能加强了“右”的方向上的历史偏见。而这恰恰是认识历史的最大问题，也是我们一再陷入悲剧性历史循环的根本原因。

这种非此即彼的思想方式正是现代性思维的深刻体现，它使任何来势凶猛的批判从一开始就种下了危机的种子，重复了它的批判对象的内在逻辑，复制了其内在结构。韩少功的这种批判事实上也暗合了解构主义的思想精华，中国学界似乎对此并不陌生，但正如韩少功所指出的，中国式的后现代主义者或解构主义者们虽然言必称德里达、罗兰·巴特，事实上却从来没有深入到解构主义思想的核心地带（《夜行者梦语》）。当然，韩少功的智慧并不是主要来自解构主义的启发，他也从来不是一个在任何意义上依赖某种西方理论方法或观念的读书人。众所周知，韩少功是一个阅读视野开阔的人，他的思想滋养来源是多方面的，既有马克思、列宁式的历史与理性，也有尼采、萨特式的存在与虚无，又受过庄禅智慧的熏陶，而且对当代思想的新进展也不陌生，古今中外的思想精华的综合影响极大地升华了他对人生、历史经验的反省与提升能力。如果说人生经验和学习得来的历史知识是矿藏，那么，思想能力则是开采、挖掘的能力。对一个人形成历史智慧与政治智慧而言，二者都不可或缺。

不过，需要说明的是，尽管韩少功是一个理论、知识吞吐能力惊人的作家，也极具思想的才分，他却不是一个所谓"严谨"的学者，他也决不以此为目标（在《强奸的学术》《岁末扔书》等文中，他一再表达了对当代学术的失望与批判。其中既有对画地为牢的现代学术体制的不满，也有对学术为稻粱谋的不真诚态度的鄙夷）。他以真正开放性的视野，为我所用地吸纳任何有益的思想养料，没有学科疆界的束缚，也没有知识畛域的限制，他也从不强迫自己陷入任何一种理论体系中去，从而也就不会形成一种稳定的视角。事实上，他随时警惕着这种危险，在他那里，任何一种理论方法，不管自身多么完美和诱人，都只是思想的启示、暂时的工具，而不是值得充分信赖的思维依靠。"读书不是要读结论，重要的是读智慧过程，读知行合一的经验。"（《穿行在海岛与山乡之间》）这是他非凡思想活力生成的一个重要原因。

不难发现，在韩少功的思想中，可能禅宗思想是其中重要的因素，它转化成了一种特有的政治智慧。有时它表现为对唯名论的批判，即对各种"主义"的警惕。他也爱用这种句式提问："民族，哪一种民族？"（《第二级历史，作为符号的全球和民族》），"大众，哪一种大众？"（《哪一种大众？》）。所以，以一种主义批判另一种主义，以一种社会制度的理念批判另一种社会制度，用禅宗的语言说，都是用一根手指代替另一根手指，而迷失了手指指向的月亮。

事实上，超越这种非此即彼的现代性思想方式正是当代最需要的政治上的智慧。不过，对韩少功来说，它只是一个前提和准备，它并不是要让人走向政治上的相对主义，而是为了进行积极的建设性尝试，寻求在一个所谓的后现代时代建立合理秩序的可能策略。他提出，瓦解了观念上的二元对立和独断论，破除了对某种理想化的固定秩序的落实冲动，并不否定建立一种新的公共性约定，这是一个所有确定的公共预设都面临诘难的时代必要的脚手架，一个工作性平台，一个策略性的进行社会建设的前提。

> 在差异和交锋中建立共约，在共约中又保持对差异的敏感和容忍，是人们走出思维困境时不可或缺的协力和互助。这种共约当然意味着所涉语义只是暂时的、局部的、有条件的，并不像传统独断论那样许诺终极和绝对。因此它支持对一切“预设”的反诘和查究，但明白在必要的时候必须约定某些“预设”而存之不问；它赞同对“本质”和“普遍”的扬弃，但明白需要经常约定一些临时的“本质”和“普遍”，以利局部的知识建制化从而使思维可以轻装上阵运行便捷；它当然也赞同对“客观真实”的怀疑，但并不愿意天真烂漫地时时取消这一即便是假定的认识彼岸——因为一旦如果没有这一彼岸，一旦没有这一极限的导引，认识就失去了最为重要的公共价值标尺，也不再有任何意义。这一共约的态度是自疑的，却在自疑之中有前行的果决。这种共约的态度是果决的，但在果决之余绝不会有冒充终极和绝对的自以为是和牛皮哄哄。可以看出，这里的共约不仅仅是一种语用的规则和策略，本身也就差不多是一个哲学话题。它体现着知识者的这样一种态度，既不把独断论的“有”也不把虚无论的“无”

制作成神话。与此相反，它愿意方便多门，博采众家，在各种符号系统那里寻找超符号亦即超主义的真理体认，其实际操作和具体形迹，是在随时可以投下怀疑和批判的射区里，却勇于在一个个有限条件下及时确立知识的圣殿。套用一句过去时代里的俗话来说，这叫作在战略上要敢于虚无，在战术上要敢于独断。（《公因数、临时建筑以及兔子》）

这就是他所说的“完美的假定”。

三

类似于庄禅智慧的思想方法转化为一种韩少功式的辩证法，我称之为情境式辩证法，这构成了韩少功的独特思维风格。他从不站立在固定的地基之上进行批判与建设，但也从不离开地基进行批判与建设。韩少功总是警醒于形形色色的主义与意识形态，对种种的历史主义有一种天然的不信任态度，但这并不否定他对社会理想性目标的抽象肯定。在特定的情境中，他相信可以尝试着找到一种较为合理的，甚至最为合理的制度方案。当然，这一过程总是伴随着多次的证伪与试错，甚至失误，但这不是我们容忍不义、不合理现状的理由。

于是，韩少功要引入一个“虚数”，“完美的假定”：

理想从来没有高纯度的范本。它只是一种完美的假定——有点像数学中的虚数，比如姨 -1。这个数没有实际的外物可以对应，而且完全违反常理，但它常常成为运算长链中不可或缺的重要支撑和重要引导。它的出现，是心智对物界和实证的超越，是数学之镜中一次美丽的日出。（《完美的假定》）

在各种实质性的理想方案因其自身的历史危机而面临合法性质疑，同时遭受到所谓后现代主义和消费主义的消解的双面夹击下，如何进行一种新型的政治建设，就成为一个严峻的问题。韩少功试图寻找一种新的思路，它并不通向任何确定的政治制度与社会秩序。（而历史上的众多乌托邦实验之所以最终走向自己的反面，演化为自身目标的反讽，正是因为在固化为一种体制之后，丧失了自己最初的批判性视野，也丧失了自我批判、自我调整的能力。）

“完美的假定”作为“临时建筑”和虚拟方向，豁免于历史上的灾难，不会因其被实证性地落实而丧失合法性；相反，正因为它无法被最终落实，并拒绝这种落实，反倒使它保持了纯净性，成为一个悬挂在不合理的、有待变得更美好的现实之上的另类维度，一个批判性的督促力量，一个不断革命的动力。它是一盏闪烁在远方的标明方向的灯火。

“于是，他们的理想超越着具体的目的，而是一个过程；不再是名词，更像一个动词。”（《完美的假定》）

这就是韩少功所谓“过程价值论”（《世俗化及其他》）。

在很多人看来，除了资本主义的全球体系，当代世界秩序似乎已无另外的可能性。同样道理，这种“完美的假定”对很多人来说，可能已变得不可想象。但在韩少功看来，它正代表了一种对当代世界说“不”的执着勇气，它的虚拟性正是它的力量之所在，这个世界会因为有了这个假定而实质性地发生改变。

我以为，这是当代批判性思想的一个重要的理论创造，它既在理论上回应了虚无主义，包括对各类后现代新历史主义、犬儒主义的解构主义和多元主义等提出了深刻挑战，又以新的策略建立了进行新的社会方案探索的理论基础。当然，不可避免的，它也打上了当代批判性力量一时找不到明确方向的精神印迹。

这一“假定”自身具有巨大的包容性，在韩少功看来，不管是

“左”的、“右”的、宗教的、世俗的，只要能够批判性地面对当下，试图追求一种更完美的社会秩序，更公正合理的社会理想，都应获得平等的尊重。“他们的立场可以是激进主义也可以是保守主义，可以是权威主义也可以是民主主义，可以是暴力主义也可以是和平主义，可以是悲观主义也可以是乐观主义，但这并不妨碍他们呈现出同一种血质，组成同一个族类，拥有一个姓名：理想者。”（《完美的假定》）

他对“左”的格瓦拉和“右”的吉拉斯同时加以肯定，正因为他们代表了这种“完美的假定”，是这种“假定”的优秀人格代表。在韩少功看来，他们实质性的趋同，足以超越左右的形式上的政治分野。表面化的立场和意识态的差异，因为在共同的目标之下，即建立一个公正的、合乎人性理想的社会，完全可以，而且应该统一起来，集结为对不合理的旧世界秩序的批判性力量和新世界的建设性力量。

这里，韩少功又提出了一个问题，一个更广大的“统战”问题。在当下，批判性力量，尤其是知识分子群体，面临着被各种主义和立场所分裂的危险。这其中，除了实质性的政治分野和终极目标的不同（比如是要建立一种公正的秩序，还是建立、维护一种不合理的权力结构），还有大量的同一理想目标之下的立场上的左右之争，具体方案上的方法之争，学术观点上的理论之争，甚至表述策略之争，意气之争，这让大家反而忽略了彼此其实可能分享着某些共同的前提和目标。这事实上破坏了批判性力量的统一战线，损耗了力量，客观上起到了加强当代权力结构的作用。

相反，立场上的表面相似，却可能掩盖了实质性的分别，更不用说不真诚的投机者和跟风者的加入。值得注意的是，随着所谓左翼思想的兴起和逐渐获得民间的合法性，一些人又开始加入左派的合唱，他们事实上损害了真正的当代批判性思想的纯洁性。

不难发现，这是当下左右思想纷争的一种真实状况。对于当代中国的批判性思想来说，这也是一个值得警醒的现实。二十世纪九十年代后期的思想论争，当然取得了巨大的思想成就。但在与权贵化的知识分子群体进行必要的决裂的同时，也造成了批判性思想内部的一定程度上的不应有的分裂。韩少功可能在无意之间给了我们有益的提醒。

当然，仅有这个“完美的假定”是远远不够的，还要有足够的现实的智慧。在这方面，韩少功又显出极其务实的作风。如果只看到韩少功的理想主义，而看不到他的务实或现实主义，那就是还没有认识完整的韩少功。他所谈论的制度和体制总是某种具体的制度和体制，总是具体情境中的制度与体制，他从不在抽象的、单纯理论的层面上进行演绎。他在分析一种制度设计的时候，总是同时警醒着这种设计的可能的复杂的后果以及正面和负面的效应。他善于以他的丰富人生经验和广博见识，以及对人性复杂性的认知，发现一种看似合理的制度设计可能会因某种细小的因素发生变异，甚至越来越背离了它原初的目标，最终成为它的反讽。

在这一点上，或许可以看出鲁迅式的思维，即对任何世界的怀疑，只是韩少功不是那么绝望。或许在韩少功看来，可怕的不是制度设计得不合理，而是对某种制度设计的过分自负与信任（不管它多么完美）。但是，这不是让我们放弃社会理想追求的理由。韩少功和崇拜“自生自发秩序”的自由主义者有着本质上的深刻差别（韩少功与哈耶克式的对社会主义或全能主义的批判，也完全不在同一个方向上）。

韩少功提出了另一种政治智慧，它要求在进行制度建设时，根据具体情境，随时用另一只眼防范可能的漏洞，不断调整、校对着制度设计的方向，留意每一个细节，这是一种不断打补丁式的设计，他要求制度构想者审慎、耐心和谦逊。这就要求从事制度建设者须有清醒的头脑，对任何制度不完美性有清醒意识。我想，在韩少功看来，好的制度设计应是可以被不断补救的制度，从一开始它就应具有可进行修补的弹性空间和可能性。

因此，任何制度都容不得浪漫想象，无法被照搬。在《民主：抒情诗与路线图》中，他对那些把民主制度理想化的人进行了讽刺：

“这些误解者最可能把民主当成一首抒情诗而不是一张施工图，缺乏施工者的务实态度、审慎研究、精确权衡和不断总结经验的能力，还有因地制宜除弊兴利的创造性思考。”

好的民主制度无法搬来，它也很难说是一种“普遍”的制度，我们要知道它的某些好处，也要明白它的限度，懂得因地制宜加以改造。同时，引进某些民主制度的因素，更需要踏踏实实的施工和瞻前顾后的智慧，如此才能使民主制度起到保护实质民主权利的功能，而不是假民主之名，以形式上的民主维护着实质上的不公正。

显然，在韩少功看来，当代中国与当代世界之所以出现这么多问题，和制度拜物教及这种“浪漫抒情诗”作风大有关系。在这里，韩少功对当代的参与政治的人们（不管是施政者还是公民）的政治能力和素质提出了一种要求。如果人们普遍缺乏这样的政治能力和素质，那么，再好的制度构想也难保不背离初衷。

于是，“人”的问题再度进入了韩少功的视野。

四

韩少功和各种形式的制度主义者一个深刻的分别在于：他认为，对一个公正合理的秩序来说，制度是必要的，但远不是充分必要的，它不能解决一切问题，甚至远远不能；相反，如果缺乏必要的“人”的支撑，即使理论上完美的制度也可能最后沦为实质不公正、不合理的护身符。任何一种变革与革命都难免沦为同样的权力体制的复制，因为人心中的微观权力结构仍在。制度的背后，是文化，或者说被不同的文化所塑造的人性。

这一问题在消费主义时代变得更为严峻，因为消费主义时代造就了一种不适合政治的“人性”。“消费主义毒化民心，涣散民气，使民众成为一盘散沙，追求正义的任何群体行为都不可能。这是极权者和腐败者最为安全和放心的局面。……在一社会道德机体正在逐步溃烂的时候，姓‘社’还是姓‘资’一类理论上的争论，其实已经不那么重要。土壤已经毒化，你种什么苗可能都不灵。”（《韩少功、王尧对话录·个人解放》）

人性是个容易让人误解的概念，它易于让人产生人文主义的意识形态联想，或勾连起对中外古典政治德性的政治哲学记忆。但在韩少功这里，人性概念和启蒙主义、人文主义关于人性的观念的联系较为复杂，如果说前期还带有启蒙主义的某些痕迹，那么二十世纪九十年代中期以后逐渐有了清晰的新意义。在很多地方，韩少功笔下的人性是在对启蒙主义人性观的反省的视野里提出来的。对他来说，人性作为一个中性的概念，它自身不是价值尺度。

韩少功当然也不是试图用道德来解释历史，相反，他从来不把道德、人性作为解释历史的重要工具，比如他明确拒绝用道德与人性来解释“文革”。（《韩少功、王尧对话录·革命追问》）

事实上，韩少功给人性注入了新的意义和理论内涵，虽然，在某种意义上，它的确还带有启蒙主义观念甚至意识形态的残留。通过人性，韩少功开始了新的思考，拓展出新的视野，这是一个带有文学家风格的理论视野。人性，意味着超越现代性的对“新的人性”或“新人”的重新想象。它可能和历史上的社会主义文化实践对新人的构想有某种若隐若现的潜在联系，这一点可能是韩少功本人未曾意识到的。

这个“新人性”的建立，或许是韩少功心目中的新政治文明和经济文明的重要内在部分，他用“新的人性”这个目标挑战了现代性的那些目标诸如发展、富裕、自由等，事实上，对这些目标的追逐其实是遗忘了更为根本的东西。正是由于这个原因，韩少功表现出被人误解为反现代的言行（如隐居乡下，如写作《山南水北》），但其实韩少功反的不是现代，他反的是现代的人性理解或对人性的假设和建立在其上的现代生活方式（诸多现代危机都能从这种关于人的假设中找到根源）。在众多随笔中，韩少功对现代消费主义文化，以及它所催生出来的虚假需求，和所谓“自然的”人性欲望进行了批判。

对人性的强调就是在这样的思想脉络里获得意义的。

如果不是在个别的、片段的表述里，而是在韩少功的整体思想脉络里来看，他对“新的人性”的重建的呼唤，挑战的正是现代性的人的基本预设，其中有他对现代人生活方式和人生哲学的反省（这一点《山南水北》表达得很清楚）。在他看来，没有“新的人性”的重建，也难以出现一种真正合理的制度。

“制度易改而人性难移。正是受制于人性这一弱点，社会改造才总是特别困难：因为这样做的时候，改造者需要面对既得利益者（赢家）的反对，还经常面对潜在的受害者（输家）的心理抵抗。”“人民是真正的英雄吗？是的，但这里是指觉悟了的人民。”（《自我机会高估》）

但是，从另一个角度讲，所谓好的制度试图保障的不也正是一种良好的、健康的人性吗？可以想象，在韩少功的理解里，所谓好的制度，可能只是在特定的情境下，最适宜看护、培育良好人性的人类群体的组织方式。

或许，我们还可以这样推论：在韩少功看来，好的制度制定者、实施者，以及他们设计的制度，应具有一种对所谓人性的通透的理解，也即对普通的人性有一种仁厚的宽容之心，能够容忍它的某些缺陷，至少一开始没有对普通人性过高的期望（那些试图落实的乌托邦方案往往有一种对人性的高要求，并把它作为前提和预设）；但是，好的制度却必须有一种天然的善的本质，除符合公平正义的原则之外，它本身还必须成为一种培育良好人性的土壤。也就是说，所谓美好人性不应是制度设计的起点，却应是其终点或贯穿性的本质与目标。

尤其重要的是，美好人性理应成为对制度设计者，或有力量影响制度制定与实施的强势社会集团的道德考验，一个社会，若没有这样一部分富于牺牲精神或理想情怀的精英群体，任何的“好制度”都可能难以启动。

这样的思路带有某种古典政治哲学的色彩。我不敢保证这样的理解符合韩少功的本意。的确，我也找不到韩少功就这一问题的非常具体的文字表述，但在他的一系列文章所组成的整体思想脉络里，我以自己的方式读出了这种线索。我以为，韩少功所赞赏的这种政治德性与他一直心仪的崇高人格和道德境界是紧密相连的，那是一种众生未度我不成佛的大慈悲，他不要求别人成为圣人，但要求自己成为圣人。在他笔下，格瓦拉、吉拉斯，以及背叛自己的阶级响应革命却被当作革命对象枪决的“他”，加藤的祖父母等，这些人身上都闪烁着这种道德光辉。每读到这类人物，我都能通过明显变得激越的叙述语言感受到韩少功写作时的不平静的内心潜流。他在向这些人物致敬的同时，也在批判着、抗议着当代文化对于“人”的亵渎式理解，他分明在指给当代世界看：这样的人是存在的，这也是人性，最高的人性！

如果联系到韩少功对这种人的精神性的一以贯之的强调，则可以大胆推测：或许，在韩少功看来，一个社会，如果没有这样一种人的持续存在——虽然可能注定是少数，如果没有他们身体力行，甚至仅仅只是作为一种象征性的感召存在，则难以给制度注入实质性的正义内容。于是，也就无法最终保证任何制度的变质，不能保证完美的理论沦落为意识形态的说辞，不能保证制度沦落为“合理合法”的不义的帮凶。或许，这是韩少功在见识了过多的此类灰暗的现实之后的不无悲观的看法；或许，这是他不便明言，也不愿明言的隐晦的告白；或许，这是他一时找不到现实的革命性力量或制度可能性的历史条件下的无奈的最后依靠。

可以看出，这其中也包含着他对那些依靠某种社会群体的政治理论的不信任。在他看来，将希望寄托于某个阶级或社会团体，并指望其作为革命性力量是不可靠的。如果人性的基础不具备，任何革命的结果都值得怀疑。“二十世纪九十年代的实用风尚几乎捣毁了一切人生教条，人们真是大力轻松和自由，包括灵魂在物质生存的底片上自由地曝光，人性在一个无神无圣的时代加速器里自由地裂变。于是刚在广场上头扎白布带含泪歌颂‘民主’的青年，转眼就敲开了高官的后门，用谄笑和红包来换得一纸红头文件，以便自己制作的‘党员教育’专题录像带可以发行到基层支部从而赚来大钱。他知道口号和利润应该分别安放在什么地方。”“一位作家说过，他更愿意关注人的性情，在他看来，一个刚愎自用的共产主义者，最容易成为一个刚愎自用的反共产主义者。这种政见易改而本性难移的感想，也许就是很多人文观察者不愿意轻易许诺和轻易欢呼的原因。当然，必定是出于这同一个原因，一切急功近利的社会变革者，便更愿意用‘阶级’‘民族’等群类概念来描述人，更愿意谈一谈好制度和好主义的问题，而不愿意谈好人的问题，力图把人的‘性情’一类东西当作无谓小节给随意打发掉。”（《熟悉的陌生人》）

对政治德性或人性因素的强调，使韩少功区别于任何制度学派的思路。不难发现，在他的富于理性的文字中仍闪烁着一个文学者或文学家的情怀。当然，对这种思路，也是可以争辩的。

五

在肯定人的精神性的时候，韩少功指出，真正的美好的人性代表了真正的自由，在《熟悉的陌生人》中，韩少功记述了这样一个事例："他是一个有钱人，因为新派儿子的影响，因为尖锐社会危机的触动，他决意向自己所属的阶级挑战。他把自己的好马、烟土、田地以及所有的家产拿出来分配给穷人，捐赠给革命的军队，成了自己熟悉的陌生人。……但他临死的遗言中还嘱咐儿子继续站在穷人一边，……他是一个果断消灭自己既得利益的富翁，是一个决然背弃了另一些自我的自我，完全违反着某些社会常理和常规。就像老人能够理解年轻人目无祖制的激进，国学家能够欣赏西学家鸣鼓而攻的智慧，一个行业的人能够同情另一个行业的艰辛，一个民族的人能够欢呼另一个民族的幸福，他完全摆脱了人在利益格局中的惯性和定式，成了一个带血的异数。他的生和死，证明了个人的自由选择权利。……自由是对制约的超越，特别是对利益制约的超越，是生物进化过程中高级群类的神圣标志。"

这种自由，令当今形形色色的自由主义者相形失色。它也无声地批评了当世"自由主义"理解的人性的狭隘性，以及这种狭隘的人性更加狭隘的排斥性。韩少功在肯定二十世纪八十年代启蒙主义时代的"自由"所具有的解放意义的同时，也尖锐地指出，这种自由已经耗尽了它的革命性潜能，走入了死胡同（《韩少功、王尧对话录 · 个人解放》）。他对当代"自由主义"重要表现之一的个人主义做了富于文学性的讽刺：个狗主义。（《个狗主义》）可以说，作为意识形态的当代"自由主义"的实质内含，恰恰违背了真正的自由精神，包括古典自由主义的本义和原初理想。

真正的自由同时意味着对他人的宽容，对多元性和差异性的尊重。按这个逻辑延伸，韩少功对民族主义进行了反省。近年来，他非常关注民族问题。其实，他对民族主义的批判是他对自由主义（个人主义）、当代人性观等现代观念的批判的自然延伸，是把人的问题推广到世界秩序层面上的理论结果。不难发现，在韩少功看来，民族主义，尽管在全球化时代有某种对抗资本主义不合理世界秩序的积极意义，但作为一种现代建制，它在某种意义上只是现代“个人”的一种国族层次上的放大。“我曾经去过东南亚、南亚等一些周边较穷的国家。有意思的是，我的某些同行者无论是如何崇拜自由和民主，如何热爱西方体制并且愿意拥抱全世界，但只要到了国境的那一边，只要目睹邻国的贫穷与混乱，他们就不无民族主义乃至种族主义的傲慢和幸灾乐祸——非我族类的一切都让他们看不上眼。……我相信，他们一直声言要拥抱的全世界不过是曼哈顿，一定不包括眼前这些‘劣等’‘愚顽’的民族；如果现在给他们一支军队，他们完全有可能有殖民者的八面威风。……因为它揭破了发展中国家很多人的真实心态，揭破了民族主义与自由主义的暗中转换——它们看似两个面孔而实则一个主义，常常在很多人那里兼备于一身。”（《国境的这边和那边》）

于是，在对亚洲的民族主义和亚洲想象做评述时，韩少功反向追问：“我的问题是，中国人有了‘亚洲’又怎么样？中国人会有一种什么样的亚洲意识？换一句话说：包括中国人在内的亚洲人怎样才能培育一种健康的亚洲意识、亦即敬己敬人、乐己乐人、利己利人的亚洲意识？”“正是考虑到这一点，我才不得不回顾‘个人利益最大化’这一自由主义的核心观念。如果这一现代性经典信条已不可动摇，那么接下来，‘本国利益优先’或‘本洲利益优先’的配套逻辑只能顺理成章。在这种情况下，我们凭什么来防止各种政治构架（无论是国家的、地区的还是全球的）不再成为利己伤人之器？……因此，重构亚洲与其说是一个地缘政治和地缘文化的问题，毋宁说首先是一个价值检讨的问题，甚至是清理个人生活态度的问题。”（《国境的这边和那边》）

这种追问显示出韩少功作为批判知识分子的全球视野，融合了他作为文学家对人类命运的关切。

韩少功对现代世界体系的批判，对全球化背景下现代的经济、政治、文化状况的批判性考察，有他鲜明的个人风格。他很少诉诸理论加材料式的僵硬，而总是结合他旅行各国的亲身经历加以生发，以大量的经验性事实，加以提升和抽象，因而增加了别样的批判力量。对不同类型的国家，如欧美国家的问题，像法国、美国；第三世界国家，像印度、东南亚诸国，既结合各国不同的文化、地缘背景进行具体分析，又把它们放置在全球性联系的格局中，在当代世界体系的中心与边缘关系中，加以认识和判断。他关注的重心是当代世界体系本身的问题。当然，作为其核心的还是对中国问题和中国道路的思考与探求。

在韩少功的文字中，在那些记述异域生活的篇章里，我们不难看到他对本民族文化的热爱，其中更多地强调的是民族文化具有怎样的生存论上的绝对意义。这其中自然也带有对消灭多样性的全球化意识形态的批判。

但韩少功绝不是一个只关心民族命运的现代民族主义者，相反，他时刻保持着对民族主义狭隘性的警觉。他关心中华民族的命运，同样也关心超越民族的人类普遍生存状态，他弃绝任何狭隘性，不管它是以什么形式来表现，即使是中华民族的民族主义。

于是，他对民族主义的狭隘性做了批判，并试图设想一种去除民族主义狭隘性的更合理的世界秩序和组织规则。所以，他对正在想望崛起、渴望成为强者的中国提出了警告和期望：

频遭外敌侵凌的时候，中国人无可选择，需要民族主义的精神盾牌，以推进救国和强国的事业。那么，当中国逐步走向世界大国舞台的时候，即便还无法进入民族消亡的融融乐园，但理性地看待民族差异，理性地化解民族矛盾，至少是不可回避的文明责任。敬人者实为敬己，助人者实为助己，超越狭隘民族情绪，培养国际责任意识，实为当今日益重要的课题。

在这种情况下，作为一种文化和制度的资源，中国前人那种淡化民族和融合民族的历史实践，也许应该重新进入当代知识视野。中国前人那种世界主义和天下主义的“大同”理想，也许有朝一日将重新复活，成为更多黑色头发之下的亲切面容，为这个民族主义喧嚣了数百年的世界，提供一种重新辨认和情意对接的目光。

我们需要争取这样一种可能。（《超越民族主义》）

同样，在批判现代民主制度的“内部性”的时候，他还希望能够建设一种超民族国家的世界共同体：“一个民族国家光有内部民主也是有隐患的。考虑到经贸、技术、信息、生态安全等方面的全球化现实，更充分的民主一定要照顾到‘他者’，要包括睦邻和利他的制度设计——就像欧盟的试验一样，把涉外的一部分外交、国防、金融、财政权力从民族国家剥离，交给一个超国家的民主机构，以兼顾和协调各方利益，消除民族主义的利益盲区，减少国与国之间冲突的可能性。至于欧盟与‘X 盟’之间更高层级的民主共营构架，虽然面临着宗教、文化、经济等令人头痛的鸿沟，但只要当事各方有足够的诚愿和理性，也不是不可以进入想象。”（《超越民族主义》）

当然，这种世界大同的梦想，中外历史上都曾有过不少，但在当下语境中，我们是不是也应该向前人汲取些灵感，试着提供一些另类方案，寻求解决当前世界纷争和人类灾难的另外的途径呢？

结语

韩少功的随笔提供了丰富的政治启示，包含着值得人们好好对待的政治智慧。他的这些富于理性气息的启示仍保留着人生经验的原始的、复杂生动的状态，成为僵化的现代体制的一服解毒剂，为进行新的制度创新提供了思想启迪。当代中国以及当代世界的复杂问题，需要这种智慧来应对。

最后，我想说，韩少功的政治智慧可能和他的巨大抱负有关。或许，正因为这种高远抱负，他才有意地去磨炼、发展自己的这种政治智慧。

这是什么抱负？

韩少功的最大关切，还是中国如何在出现历史契机的时刻，解放思想，开放心胸，去除各种现代迷信，以真正的自信，大胆而又审慎地汲取中外古今的一切文化资源，认真领会正反面的历史启示，大胆想象，小心从事，踏实施工，不断尝试，进行伟大的制度创造与文化创新，担负起自己世界史的责任，开创出一种真正具有普遍性的文化，从而造福这个世界。那不单单是为了中华民族的利益和荣耀，也和文化民族主义的诉求与梦想无关。它渴望通过一代代人的努力，再造一个天下——不只是中国人的天下秩序，而是全球人的天下，那既是一种新的更和合的世界秩序，也意味着一种更单纯、健康的人性状态，还是一种充分利用现代技术但不囿于技术，鼓励多样化的交换而不被单一的消费交换所异化的生活方式。那是现代之后的现代世界，而不是以现代之名，回归到新的野蛮的现代世界。

“利益正在使人与人之间相互盲视，正在使阶层与阶层、民族与民族之间相互盲视。因此，我们需要 GDP，更需要社会公正，需要理解的智慧和仁慈的胸怀，来促成旨在缓解现代性危机的思想创新和制度创新。”（《进步的回退》）

这是一个完美的假定。这恐怕也是韩少功这一代人，也是中国最优秀的一群人的最深沉动人的梦想。

重新打开记忆之门

——韩少功《日夜书》对知青经验的反省

正如某些理论家所指出的，记忆从来都不是自然的生理过程，它往往是权力运作的结果，同时也可以是自觉的文化实践。另外，记忆本身就是遗忘，就是一种记忆反对另一种记忆，这是记忆的辩证法。从这个意义上说，对于知青生活的记忆从一开始就是一场遗忘与反遗忘的斗争，知青文学正是以反遗忘的名义，以个人化的诉苦、悲悼与忏悔，达成了它最初的解放功能。但与此同时，它也建构了一种关于知青的历史形象和集体话语，强迫性的选择性记忆使整个记忆运动变成了以个人名义进行的集体情感抒发仪式和观念实践。于是，知青记忆慢慢地蜕化为一种主流常识，一种公共化的意识形态，一种抽象的政治结论。关于知青的记忆与新型的社会体制合流，被各种新型的意识形态叙述所征用，与此同时，那些主导知青记忆的知青们，作为记忆主体，已经成为分享新型社会权力的社会精英，维护定型化的知青记忆已经转化为现实秩序合法性潜在基础。这导致了知青记忆的板结化。对此，对其进行外部批判并不能有效完成意识形态批判的任务，因为它们可能暗中分享了其共同的意识形态前提，更重要的是，它们并没有能够深入到知青记忆的内里。而只有拯救或重构知青记忆，才能真正瓦解陈旧的意识形态化的知青话语。

新的记忆之门必须被重新打开，它不仅意味着重新深入到知青生活的最初情境中，去复活那些被意识形态抽象化的具体的鲜活记忆，同时意味着重新建造进入记忆的另外的门户和门后的路径。这必须是对记忆的重构或者说重新组织，它既需要发现新的记忆内容，还需要打碎旧的记忆逻辑和记忆模式，挣脱既定的意识形态叙事的征用，让旧的记忆内容闪现新的光泽，显露新的意义。因而，记忆并不是恢复过去，也不是简单地、无约束地重构过去，而是一个批判性的生产过程，为了使记忆摆脱各种复杂的权力关系的纠缠，记忆在某种程度上的碎片化是有效的策略。而这也正是《日夜书》的一个表面特征。

韩少功的《日夜书》就是要开启这样一个重新记忆的旅程。这是一个双向的辩证过程，一方面，它要疏离于甚至对抗逐渐庸俗化了的、权力化了的知青记忆——它由既往的知青文学（包括回忆录、访谈、口述史、纪录片等）建构起来。重新唤醒被这个超级记忆所遮蔽的个体记忆，拂掉年深日久的灰尘，恢复其生动性和切身性，同时，逃离记忆的黑洞，重新选择那些被刻意遗忘的差异性内容。另一方面，这种新的记忆带领我们重新返回当下的现实。因为所谓现实其实已经是被原来的集体记忆所塑造的现实，携带着另类的记忆，以之为批判性的新支点，韩少功得以用新的视野观照当下现实。在这个意义上，《日夜书》作为知青写作是一次反知青写作，包括反抗自己曾经的知青记忆和知青写作。

《日夜书》从各种意识形态的叙述下面解放出来，呈现了以前的知青文学所不曾呈现的知青生活场景、事件，以及“奇特”的各色知青人物。摆脱既往固定化的意识形态的压制，知青生活的复杂面相显露出来，它的多样性和含混性，无法被某种主流的意识形态所收纳、化约和解释，知青生活重新被“还原”为一个个活生生、具体化的情境与细节。生活本身的暧昧性和质感显现出来，饥饿感、痛感、“看秋”的孤独感，已与旧有的知青叙述中的社会性迫害模式脱钩。既往在社会意义框架中理解的知青人物，显示出各不相同的、不似以往知青形象的个体性特征，或许，旧有的知青叙述过分强调了知青经历对人物性格的塑造作用——显然，这是“伤痕”“反思”小说控诉政治、社会迫害的内在需要。《日夜书》中，知青的群体社会性特征淡化了，所谓知青生活只不过是人们生活的具体情境罢了（其中不只包括一般意义上的知青，还包括当地的农民及干部），尽管知青生活对青年人有着巨大的影响，但它毕竟只是影响人格的部分因素，甚至都不好说是很重要的因素。

既往被表述为一个整体的知青生活，具有某种内在本质的知青经验，即负载了特定社会政治意涵的知青想象瓦解了。小说以对知青生活的复调性叙述代替了单声叙述，在重新回忆中，它内部的复杂的多元性和矛盾性，多重的张力出现了。如果我们进行一点知青文学的互文式的联想的话，不难发现，整部小说的回忆叙述暗含着一种对旧有知青记忆机制的反讽意味。某种意义上，呈现丰富性和差异性本身不可避免地带有对知青叙述的批判性审视。

既往的知青文学总是具有悲剧性或荒诞性的调子，常见压抑性的灰暗，间或夸张的崇高。《日夜书》不再为一种主导性的情绪和叙述风格所宰制，力求呈现知青生活的多色调和丰富性。

但是，知青生活的多样性、丰富性和矛盾性却被知青群体自己所遗忘，并日渐被偏执地窄化。其实，知青经验只是表象，从根本的意义上说，无论是红卫兵、知青，还是革命的挑战者，他们都是不折不扣的革命之子。知青群体，为红色革命所催生，而后又逐渐将革命的激情导向革命自身。在那个特定的历史年代，在从压抑性的旧的革命体制脱身而出时，他们恰恰以否定性的方式真正延续了革命的精神，并在此过程中迸发出巨大的生命潜能，这才是所谓知青群体作为一代人更为本质的方面。只有明白了这一点，我们才能真正理解不起眼的贺亦民、姚大甲、安燕们为何具有那么大的经折腾的生命能量和不可思议的创造力，同样，我们才能明白知青中的精英们在乡下何以进行自我启蒙。正如《日夜书》中所讲述的，他们读书，思考，身居乡土却关心世界，并以少年人的意气互相标榜、斗气，且乐此不疲，在此过程中，他们以求秀异的姿态挑战着平庸的现实生活，在思想的领域里寻找着理想生活，马涛等人的“反革命集团”事件只不过是这种不安分的极端表现罢了。然而，他们在真诚地追求个体自由，否定旧有的革命秩序时，恰恰忽略了他们是在继续革命。在随后的开放年代，知青一代的革命性和批判性能量很快耗尽，在一种虚假的自我意识中，在对所谓现代目标的坚持中，他们的精英分子落入了历史的狡计预备的陷阱。

某种意义上，马涛、贺亦民、安燕等人以不乏悲喜剧的方式，保持了所谓知青的本色，马涛更是一如既往地停留在天真状态中，他的悲剧在于，他那些政治姿态在既经改变的历史中已经变味了，他仍然以一种自命不凡的骄傲支撑着，不过，尽管偏执，尽管显得可笑，他自己倒是一以贯之。正如他所说：

> 我真的不在乎监狱，不在乎死。唤醒这个国家是我活下去的唯一意义。你们不知道，我病得一头栽在地上时也没灰过心，哪怕吃饭时嚼沙子吞蛆虫也没灰过心，哪怕被五花大绑拉到刑场上陪斩也决不灰心。我被他们的耳光抽得嘴里流血，被他们的皮鞋踩得骨头作响，但

我一直在咬紧牙关提醒自己：要忍住，要忍住，要忍住。

我就是盼望这一天，就是相信有这一天……

由于没能对自己的知青经验做充分的反省，知青精英们逐渐走向了他们渴望扮演的历史角色的反面，而知青经验自身所蕴藏的巨大的创造历史的能量和多重可能性却被不知不觉地浪费掉了。

马涛们的这种自我意识或自我幻觉往往使他们习惯于自我英雄化，滋生出一种对历史和社会的索债心态。这导致了他们的自私性和狭隘性，这种封闭性鲜明地体现在他们自我封闭和拒绝倾听上，永远像才女蔡海伦一样自说自话，不断重复，从来不关心别人在想什么，即使是自己的母亲。

对马涛们来说，知青生活的苦难——它来自体制性的迫害，保证了他们本身的正当性和崇高性，仿佛是一张累计利息的有价证券或欠条，给了他们向历史、社会索取债务的权力，更何况还有坐牢这样的“神圣”履历。即使普通的知青，也分享了这种身份意识，在重返插队农村的旅游中，不是大家都认为有权利吃饭不付账么？

这种“自我中心”使知青一代人显现出某种青春性格固化的“精神病”特征。马涛表现出了让人难以容忍的自私褊狭，从不体谅他人。如果要说社会、历史伤害了他们，就是让他们形成了这种性格和自我意识，而它直接来源于对知青生活的选择性记忆。未经充分反思的知青经验被马涛们滥用和挥霍了。这才是真正的人生悲剧。此种心智结构一旦固化再难改变，马涛在国外的尴尬处境非但没能让他有所改变，反而使他更加偏执。这种青春期人格的固执造成了知青精英们无法处理与下一代的关系，因为他们自身还仍然停留在下一代的心智水平上，马涛的女儿笑月、安燕的女儿丹丹，基本上都属于问题少女，这不能仅仅归罪于家庭教育的缺失或失败，更应归因于父母的不成熟状态。“我”（陶小布）

在小说结尾遭受笑月的质问不仅仅是针对陶小布个人，更代表了来自下一代对知青一代的历史审判，这也可以视作知青葬送的现实与未来一代的审判。

> 你要我说人话？你和我那个爹，都是这个世界上的大骗子，几十年来你们可曾说过什么人话？又是自由，又是道德，又是科学和艺术，多好听啊。你们这些家伙先下手为强，抢占了所有的位置，永远是高高在上，就像站在昆仑山上呼风唤雨，就像站在喜马拉雅山玩杂技，还一次次满脸笑容地来关心下一代，让我们在你们的阴影里自惭形秽，没有活下去的理由。

于是，我们发现，知青虐待了历史，因为他们总以为他们被历史虐待。一个奇妙的辩证法出现了，正是在对政治专制等外在压抑的刻意、夸张的反抗中，知青们使他们努力反抗的权力成为建构自我的内在构成部分，在施虐与受虐的关系中，对抗的激情转化为快感，一种对历史撒娇的姿态由此产生。马涛等启蒙一代，一直生活在表演中，一直和权力默契地玩着虐待与受虐的游戏，它甚至在肉体感觉比如性快感上打上了深深的烙印，安燕在性行为上的变态道出了他们与所谓政治暴力的真实关系。他们需要它，没有就要虚构出来。马涛从政治英雄到思想英雄的狂想，正代表了典型的启蒙心态。他所患的癌症更像是一种历史的绝症。叙述人对马涛是充满同情的，其中有对一代人的同情，这是他们的原罪。

> 我突然有一点鼻酸，……我庆幸自己能送上马涛一程，哪怕这一程永无终点和归期，哪怕这一秒延绵成万年。我真想悄悄伸出一只手，放在他的手上。我真想汽车来

一个急转弯，于是自己不由自主地身体倾斜，能呼吸到他更多的气息——嗅到我的多年以前。

《日夜书》由此具有了对知青一代的深刻的自我反省和批判，尽管未必是小说的重点所在，却给我以深刻印象。韩少功作为曾经参与过编辑知青文学史的知青作家，对知青，也对知青文学史进行了质疑。知青文学具有一种普遍的索债和撒娇的心态，习惯于对自己的历史形象进行自我美化，喜欢推诿历史责任，即使二十世纪九十年代以来个别知青题材的小说进行了一些假模假式的抽象忏悔，对权力化的知青进行了超然的外部揭露，也只是以另一种方式回避了最核心的问题。而韩少功以巨大的体谅看待包括自己在内的一代人，也对它进行了严苛的批判，事实上，他对自己这一代人提出了更高的要求，知青一代人不应辜负了历史，枉历了一番丰富的苦难的馈赠与教诲。这是真正的自我批判，它没有站在道德制高点上对知青进行道德主义的审判，而是充满了犹疑，他更多是以丰富复杂的、现场化的、历史化的"生活本身"来呈现知青一代人的精神症状的来源，同时，他以关于知青的另类叙述粉碎了陈旧的压抑性的知青叙述，打开了重新理解现实的可能性空间。

人们总是太习惯把自己的堕落、随波逐流看作外在压力所致或受迫害的结果，很多知青总喜欢这么给自己辩解。相比之下，外号"秀鸭婆"的梁队长，或许因为不是知青吧，他具有完全不同的心态，以巨大的道德力量，承担起在世的责任。这是真正的伟大。不知道韩少功这一笔是不是信手的闲墨？

《日夜书》采取了复调的叙述，打破了以往知青叙述单声的意识形态化叙事。为了写出知青生活内部的差异性和复杂性，韩少功必须找到一种具有充分张力和包容性的叙述方式。在小说中，叙事人穿越于回忆与现实之间，叙述与沉思相互交叉，使叙事人不断跳离，而不是沉浸在记忆中，也使他避免过久地以某一个或几个人物组织整体性故事。叙事人不断地讲述互相没有直接联系的形态各异的故事，而这些看似零散的故事又由一个统一的叙事人串联起来。“我”并不总是一个故事角色，有时更像一个故事的见证者或转述人，尽管在某些段落中“我”是一个主要的人物，执行着重要的叙事功能，但从整部小说看起来，与其说“我”是一个主要故事角色，不如说更像一个见证者。通过这种方式，“我”保持着一个反思主体的冷静，不时脱身而出，进行颇为理性化的思辨与讨论。这种叙事策略既保持了叙述的整体性，又避免了总体化的压抑性结构，从而很好地保持了叙述空间内部的差异性和张力，也制造了反思性的间离效果。

韩少功自己的知青写作也经历过“伤痕”与“反思”等阶段，尽管他总是疏离于文学潮流，别有怀抱，却也与主流知青文学分享了一些共同的观念。但此后，他与意识形态化的知青叙述拉开越来越远的距离。对他们这一代来说，知青经验是一所炼狱，只有真正的穿越它才能获得心灵的解放，而这种解放只能靠知青一代自己。知青经验，如经过认真清理和反省，代表了经过真正的现实人生的历练和“消毒”的理想主义，它既不同于那种抛弃理想，犬儒化的虚无主义，也不同于缺乏底层生活历练的简单化的理想主义。

只有真正消化了知青经验，才能获得眺望未来的新视野。知青记忆由是才能得到超脱与升华。二十世纪九十年代以来，韩少功一直没有在真正意义上正面涉足过知青题材，这或许也是他多年来想写而又不愿写、不敢写的领域。阅读这部小说，我似乎隐约感受到他在写作过程中所遭遇到的不停歇的、狂暴的内心风雨，以及飘摇不定的情感激荡，其中有一代人的沉重命运和一代人隐秘的内心路程。

《日夜书》，是让人记住那些既经流逝又永远活在当下的日日夜夜吗？日夜书，不只是知青，每一代人都要进行这样的功课吧，或早或晚。

历史遗忘症与暧昧的个人记忆

——韩少功《第四十三页》解读

韩少功是当代两三位最具思想家气质的作家之一，他的小说自然也是颠覆常识的写作，这是读者在进入他的小说之前的必要心理准备。

《第四十三页》这篇小说一开始就呈现了一个经典的戏剧性情境——希区柯克式情境：当下的时髦球星阿贝阴差阳错地登上了一辆二三十年前的列车。在这个明显“虚假”的前提情境和故事起点上，小说开始如这辆列车一样启动、运行了，并显示出越来越充沛和强大的叙事动力。不过，这个在荒诞的前提下展开的故事，却几乎严格地遵循着所谓现实主义的法则，符合日常生活逻辑和细节的真实。所以，除了头尾，整篇小说其实写得很平易和生活化，还带着点幽默感。

就这样，韩少功以真实的砖瓦建造了一座空中楼阁，创造了一个富于启示性的小说世界。这是一个打开新感觉、创造新体验的世界，成为激发读者重新认识现实世界的一次契机。

在“虚假”的前提之上，小说得以把两个时代加以并置，产生强烈的对比，制造出反常的戏剧性效果。这是小说的特权。通过活生生的生活细节，毛茸茸的时代质感，两个时代各自的生活逻辑，支配它们的深层法则，被活生生地端出来了。于是，两个时代彼此构成了对另一个时代的质疑。在彼此的映照下，两种时代逻辑各自的荒诞性被清晰地呈现出来了，在这种以小说智慧制造的戏剧性中，我们读者能否从中得到些历史的智慧和公正的历史态度？

小说更强调了过去的时代的复杂性。阿贝是更典型的当下时代的人物，他的身份及围绕着他的那些消费主义时代的符号（手机、MP3、可口可乐等）清晰地表明了这一点。在他眼里，“旧时代”是极其可笑的、荒诞的——的确，它不乏可笑与荒诞之处，这或许构成了我们对它进行肆意简化甚至妖魔化的理由，然而，正是在这样的简单化的态度中，“旧时代”的复杂性被忽略了。于是，它天然成为使同样偏颇的“新时代”合法化的前提。但是，当阿贝在这番奇特的经历之后，中止“噩梦”，回到现实，却发现了另一个噩梦的开始：在另一个世界的潜在映照之下，这个他所熟知的世界业已变得陌生和荒诞——想想阿贝在医院里的经历吧。反过来，置身这个开始变得陌生化的熟悉的世界，再次反观那个“噩梦”，阿贝却不经意间发现，一些温暖的因素开始从幽暗处浮现出来，而这是当初置身其中所不能发现的。

这篇小说在形式上的最大特点是运用了元小说的技术。这一技法并不新鲜。近年来，韩少功虽一直在《马桥辞典》《暗示》《801室故事》等小说中进行形式试验，但在讲故事上其实非常老实，那么在这个不时兴先锋的时代，作为当代顶尖级的小说家，使用这种别人玩滥了的技法，又有何特殊用意呢？

在这篇小说中，元小说，已远不止具有叙事上的意义，它不是作为一种小说形式而存在，它本身就是一种特殊的意义表达。

在我看来，它提示了一种深刻的历史遗忘症。“旧时代”已经被坦然遗忘了，仿佛它只存在于那个名为《新时代》的小说中，在阿贝的梦魇一样的记忆中。一切都在第43页处终止了，消失了，它原本就不应当存在过。

更为重要的是，利用“元小说”这种手法，韩少功在有意制造着一种叙事者与主人公阿贝之间的张力。叙事者“我”作为虚构的小说人物，是一个主流知识分子形象，他生活在社会主流意识形态表象体系中而毫无反省。他熟悉“新时代”的种种规则或潜规则，如鱼得水，借以谋取自身利益的最大化，同时他也在维护着这种意识形态的再生产（韩少功也顺手揶揄了一下当下的主流文学）。而小说中的阿贝，原本只是一个叙事的产物，在历经了一番文本的经验之后，却已开始具有某种自主性或独立意志，它与叙事者“我”（及“我”所代表的意识形态）发生了冲突。

这种对抗意味深长。

阿贝在“旧时代”特定情境中所产生的温暖的情感，那些情绪性的本己性的记忆与感受，有着无法被宏大的意识形态语言所抹平的尖锐性，它成为任何简单化的时代观念所无法消化的硬物。莫小婷代表了“旧时代”僵硬中的柔软，粗鲁中的质朴，它和以可口可乐为表征的“新时代”的“以人为本”、态度亲切的医院“领导”们的实质性冷酷形成对照。而且，即使那些并不愉快的经历和记忆，因为强烈的切身性，也直接地构成了阿贝生命本质的内在部分——历史情境已经内化为个体生命了。因而，可以说，历史的健忘症患者，遗忘的正是自己作为人的最终依据。这些复杂、多义的个人记忆，事实上构成了真正反省历史的革命性因素。而它恰恰是被漠视的。作为亲历者的阿贝对叙事者“我”所代表的观念体系（其实也是阿贝自己曾有的认识）有了一种朦胧的反抗与质疑，虽然还只是流于情绪化的自己也不明所以的抗议，但他无法不忠于自己的感受与记忆。叙事者“我”利用自己的优势（表面上是《新时代》的作者身份，其实是意识形态的优势），所试图否定的是正是阿贝的情感的合法性，“我”还对这种情感进行了嘲笑，阿贝的愤怒正来源于此。

但是，在我看来，小说更为深刻之处在于对阿贝特殊内心矛盾的书写。阿贝被理性与情感两种力量所拉扯，为此他痛苦不堪。一方面他不得不忠实于自己的本己性的感受，那些下意识里的怀念，那些感伤性的情绪，为当下人们不公正的历史态度而生出的愤怒，等等；另一方面，他又羞于承认自己的这种感情，他无法也无意于去质疑他自己头脑中顽固的“新时代”的理性认识，在主导性的“新时代”观念和价值标准面前，他时刻意识到自己记忆的非法性，这是他愤怒的另一个原因，他愤怒于自己的情感反应，并为之感到某种羞惭。在小说“附注”部分，阿贝和叙事者的争辩是有意思的，从他尴尬的辩解中，我们可以看出他自己内心的矛盾与不安。他正在否定着自己重回那个舒适的生活状态和心境的可能性，这是他不愿意接受的改变。于是，最终，他放弃了这种矛盾，决定回到旧有的生活轨道中去。

阿贝终于结束了“旧时代”的噩梦。但是，当他再次登上“新时代”的列车时，他的感受是复杂的，“显然让他十分放心，似乎又让他有所不安”。而那个蓦然出现的谶语式的“第 43 页”，虽然证明不过是一场虚惊，却也预示了这趟新列车可能潜伏的危机前景。面对对开列车，他“看到了一叠薄如纸片的窗口，其实什么也没看清”，最后他沉沉睡去。这段隐喻性的文字或许提示着一种慵懒的历史意识。这或许就是我们常人对历史与现实的态度吧——有些人有时也感到现实有些不对，但，何必去破坏自己还算平和的心境呢？

于是，我们发现，韩少功之所以用元叙述的方式来写作，或许还有意提醒读者注意小说的虚构性质，这种提醒当然不是马原式的提醒，而是有意制造一种阅读的间离效果，从而刺激一种批判性的视野和审视态度。

这篇小说并无要为任何一个时代的合理性辩护的意思，小说在价值上并不偏向某一时代，它要呈现的是两个不同时代之间的对话结构，它们构成了互相质疑、相互纠正、互为尺度的辩证结构。或许，它指向了一种人的不易超出的历史处境，在这个意义上，列车正是人的历史境遇的象征化或隐喻，我们可以逃离某一列火车，却无法逃离另一列火车，在某种意义上，它限制了我们的视野。最后，阿贝不是又登上了另一列火车？

我们是否被判定了只是这样的乘客？我们是否甘于做这样的乘客？我们能否在这样的经历中获得更为清醒的历史智慧？或许，这正是这篇小说试图提出的问题之一。

不可否认，我的阐释是无趣的，此时的我充满了评论写作的失败感。这篇批评注定是狭隘、偏颇的，当然，只有面对真正优秀的小说，批评家才会产生这种强烈的命运感。另外，应该指出的是，再深刻的洞见也不能构成这篇优秀小说的真正优秀之处，事实上，它所说出的和未说出的，已远远超出我的批评和别的批评所能说出的。但作为一个批评者，我只能说出这些我所读出的骨架性的东西，且这些东西还不一定准确，至于那些真正构成这篇小说魅力的更为本质的东西，它的血肉，那些精彩的细节和语言，以及由它们所不断辐射出来的复杂而丰富的意味，我更是无力去表达，更不消说在这篇短文中去表达。不过，事实上，它也无须我去表达，阅读已经足够使我们领略其妙处。

第二辑

重新解放小说

——蒋子丹《囚界无边》的意义

蒋子丹的长篇小说《囚界无边》具有文学史的象征意义，它表明，二十世纪八十年代以来成长起来的某些优秀作家正试图打破精英作家的狭隘的自恋，寻求与现实生活建立更为有效的连接，这是一种革命性的心态调整。所谓网络写作，或者临屏写作，对蒋子丹来说，只是一个手段，这种手段强迫性地帮助传统作家实现了某种深刻转变。其实，正因为有了这种转变的紧迫感和转变的决心，才使蒋子丹走向了网络。

蒋子丹从事的并不是网络写作，更不意味着传统作家向新兴的文学写作方式的投降。这部小说也并不具有一般的网络写作的特征，尽管从形式上看似乎借鉴了某些网络写作的经验。蒋子丹并没有放弃自己一贯的文学写作的核心价值和人文关怀，甚至也没有放弃原有的文学写作的标准和基本的技术性要求，她没有刻意地去模仿网络腔，向网络读者示好。

这不是真正的网络文学，但又是真正的“网络文学”。说它不是，因为它没有刻意去追求这个时代的网络文学的时尚面貌，当下主流的网络文学往往流于肤浅，对现实隔靴搔痒，用反抗传统文艺腔的形式重复另一种新的、“小清新”的文艺腔，这是蒋子丹所不能认同的。说它是真正的“网络文学”，就在于，它比网络写作本身更加真切地捕捉到了网络写作所蕴含的它自己甚至都不清楚的革命性潜能，那就是文学与正在展开的生动现实进行链接的能力，通过把生活讲进故事，给现实赋予形式。于是，在小说中，汶川地震、许霆案等社会事件开始进入文本成为小说叙述的动力与有机成分，通过这种方式，蒋子丹把自己重新带到时代的现场里去，带到具体的历史性当中去，而非像原来她从事纯文学的先锋小说写作或女性主义小说写作时那样，可以完全不在乎当下生活的真实状态及逻辑。所以她才会关心写作过程中网友的即时评论，其实从写作的技术上来说，网友们不可能向成熟的作家蒋子丹提供太多高明的招数，当然也可能会有一些技术性的支持，比如网友提供的关于看守所里的真实状况，但是，这些东西也可以通过其他方式获得。我更愿意相信，对蒋子丹来说，网络写作的策略意义更大，她就是要以这种方式时刻提醒自己进入这种写作状态，而摆脱既往的自我沉浸式的写作方式和习惯。

蒋子丹试图借助网络写作来克服传统写作的重大弊端。这里的关键是心态的转变，如果对所谓的“纯文学”写作有所反省，上不上网都是次要的；但如果心态没有转变，即便终日趴在网上写作也不会写出好东西。上网写作只是让蒋子丹强迫自己关心那些原来写作时不太关心的问题，比如生活逻辑、经验的真实性和读者的心理感受等，而在以往，所谓“纯文学”，尤其是“纯”到极致的先锋小说是有意排斥这些因素的。这种网络写作的方式，给传统作家一种压力，让他们被迫进行写作技术上的新选择。在这部小说中，我们非常吃惊地发现了蒋子丹极其出色的讲故事的能力，而这种能力我们在她此前的先锋小说时代是看不到的。其实，故事性及戏剧性一直是小说具有魅力的根本原因，只是到了西方现代主义文学兴起后，才开始了对故事性的淡化，在这种现代的、特定的文学观念中，似乎小说越不注重讲故事才越具有文学性，越乏味才越高明。我认为，不管理论家为此发明了多少高明的理论，这种趋势都属于文学史上的逆流。问题从来不在于要不要故事性或戏剧性，而是要什么样的故事性。但是，在迷信“先进”的西方现代文学的时代，我们集体性地中了西方现代文学的那一套观念的毒，我们认为高级的文学作品是不能讲故事的。我觉得，《囚界无边》重新回到故事，回到人物性格这些看似古典的文学规范上去，这其中包含有对原来的貌似先进其实落后的文学观的质疑与反拨，这是一种新的小说艺术的自觉。当然，可能这部小说在写作上给人感觉巧合有点多，这些值得进一步商榷。但我认为即使如此，它也比那些装模作样地刻意淡化情节的作家所写的作品要高明。什么是真正的故事性、真正的戏剧性，说到底就是要用特别的叙事方法给现实生活赋予形式，就是要把生活从沉默状态或混沌状态中解放出来——当然，这种赋予是有限度的，是要超越任何既定的意识形态性的清晰性之上的。

另一方面，借由这种开放性的文学写作，作家得以重新构筑与受众的交流关系，既交流梦想，交流理性，也交流小说技术，于是，文本重新成为一个开放的文化公共空间。

文学作为公共空间的功能是其与生俱来的价值，但是却在主流的纯文学那里几乎已经丧失了，以致我们一想到文学，马上就想到封闭在书斋中以神奇的艺术想象力苦心经营的天才作家的形象，而这也就使文学成为自说自话的无源之水。正是在这一背景下，网络文学才开始流行起来。其实，它是以质朴的，甚至粗陋的形式重申了文学的这种使命，也抗议了主流文学的傲慢与垄断。但是，一般的网络写作毕竟是简单的。传统文学由于众多作家的滥用，已经病入膏肓，但却并不是一无是处，相反，网络文学也具有随意、浅尝辄止、追随流行的先天不足，除了写点不乏真切的小情感和特殊人群的生活场景，网络文学尚没有充分实现其本身的价值。传统文学与网络文学各有所长，各有所短，它们需要的是互相吸纳而不是互相排斥。蒋子丹的这部长篇小说就是一个传统文学寻求突围，与网络写作方式相结合的富有意义的个案。

《囚界无边》还有一个特别的象征意义。我们都知道，蒋子丹在二十世纪八十年代及九十年代一度曾是非常活跃的先锋作家，创作了不少先锋性的文本，而且一度性别立场非常鲜明，对父权秩序充满敌意。如果我们考虑到这样的个人创作经历，她的写作转变就显得格外意味深长。其实，近年来，蒋子丹已经悄然地从一个冷漠的先锋女作家转变为一个人间温情的看护者，这部《囚界无边》延续了这条路线，它对人间的道德力量甚至人性向善的本能是有信心的。在小说中，除了极其特别的人物，即使是那些所谓坏人，比如龙强彪等人，在特定的情境下都是渴望做一个好人的。相比于当年阴郁的、先锋的深刻，这是一个后撤，但是从另一角度看也是一种进步。我认为，蒋子丹的转变表明，她在反思自己既往的创作，也在反思所谓“纯文学”的那些前提，她又重新回到了文学写作的意义，或为什么写作这个问题上来了。

文学是干什么的？我们从事写作的最终理由何在？这是一个成熟的作家所必须面对的问题。如果是在二十世纪八十年代，我们可能会认为，我们从事写作是因为文学本身的存在价值，先锋小说就暗含了这种关于文学本体论的假设。但现在，我们不得不重新思考这个问题。我们写作，可能是因为有高于文学的东西需要我们用文学去看护它。这又回到了关于文学的古典理想上去：文学是为了让人心变得更好，让这个世界变得更好，而不是变得更坏。

这种传统的关于文学的理论在狂飙突进的年代中，是不太被人们接受的。更何况，西方现代主义的那些文学观念一直在告诉我们，这种看法是非常落后的。在先锋文学流行的时代，很多作家认为，好的文学就是要把人性的复杂性揭示出来。什么是人性的复杂性？他们笔下的人性的复杂性更多地是指人性的阴暗面。所以，先锋文学或现代主义的文学看起来比较冷漠甚至比较残酷，而这却被认为是深刻。不过，需要指出的是，二十世纪八十年代的先锋文学对人性复杂性的揭示，其实带有对人性谅解式的肯定的意味，这是当时的时代语境所生成的特殊意义，而且，当时整体的文学环境比较健康，所以先锋文学其实是对其做了一个有效的调剂和互补。但是，后来的整体的文学生态发生了变化，二十世纪八十年代中后期以后，所有的文学都趋向于冷漠，包括新写实、新历史小说，以及广泛的欲望化写作的潮流，先锋文学没有东西垫底，这就导致了伦理意识的丧失，极端一点说，文学有教唆人变坏的嫌疑，而不再是坚持追求美好生活的信念了。于是，以先锋文学为代表的纯文学最初的积极功能丧失了。其实，这也是主流的纯文学失去读者的原因之一。

正是在这种文学史背景中，蒋子丹重新回到原先写作初衷上的实践才显得弥足珍贵。既然我们所从事的纯文学现在的意义和功能与之前已经不一样了，我们还要不要坚持？如果要坚持，寻求突破的路径又在哪里？我觉得网络文学提供了写作的可能性，但是，这种可能性在网络文学本身不能够有效地得以释放，所以需要传统文学的力量介入，需要网络与传统作家的有效结合，这样才能达到一个全新的写作局面。在这一点上，《囚界无边》给出了一个非常重要的提示，不管《囚界无边》这部小说本身达到了什么样的文学水平，这样的转变都是一个重要的文学事件。

无望的反抗

——李少君小说论

如果以通行的作家代际来分，李少君属于所谓“六十年代”作家群，但显然，这一命名对他来说是空洞的。李少君一直在书写一种独特的个人体验，传达对当下时代心灵状况的判断，如果说这是他从事小说写作十余年来的一贯追求，那么，二十世纪九十年代末期以后，他极具个人风格的文学表达已显示出不容忽视的意义。

李少君的代表作品多以海口为背景，如《蓝吧》《海口之恋》《人生太美好》等，但在这些小说中，海口不是作为具有浓郁地域色彩的生活场景而出现的，它更多的是作为当代普遍的、典型的生活方式和现实法则而显示其意义。或许正因如此，在小说中，海口无处不在，却又被刻意虚化了，这可能会令那些期待寻找南国异域风情的读者有些失望。虽然李少君的作品多以现代情爱为中心事件，却绝少出现椰林、海滩等具有南国风情的浪漫场景，相反，故事往往在都市内部的封闭空间，如酒吧、公司、公寓，至多不过是街道中展开。某种意义上，在李少君的笔下，海口已被抽象化为一种充满世俗气息和商业氛围的当代社会的象征。李少君显然对这所让人充满想象的南国都市本身，以及它作为故事佐料的潜力缺乏热情，他关心的是这一现代生活情境中人的心灵状态，以及以海口为象征的现代生活本身的危机。这使他区别于其他以海口为背景的写作，如潘军的《海口日记》：一个现代文人穿行于滋生欲望的南国都市，留下个体感受的观察与记录，不拘小节而又讲究生活品位的文人心态与海口的生活品质——包括那种不加掩饰的、坦率的世俗享乐主义和颓废的气质——取得了内在的协调性。李少君的小说在很大程度上忽略了这座城市的外貌，但他却深入了这座城市和它所表征的现代生活方式的内部，传达了一种弥漫在现代生活深处的无法排解的忧伤。

李少君小说中的人物，基本上是处在社会中层的年轻人，有不错的生活质量，似乎都没有太大的生存压力，现代市场社会已“合理”地安排了他们的生活，从事业到私人领域，也提供了满足欲望的充分的机会。如《蓝吧》中的“我”和蓝林，《海口之恋》中的林君，《人生太美好》中的顾扬，《西安未眠夜》中的“他”，《废墟》中的杨晨，《说不定什么时候出错》中的西林等。应该说，这是目前中国社会新生的中间阶层（不是所谓中产阶级）的真实生活状况：他们普遍受过良好的教育，有稳定的生活基础，讲究生活的品位、情调，也拥有大量的闲暇，金钱的更高需求不是他们主要的焦虑，他们亦不关心更宏大的社会总体问题，对政治比较淡漠，充分享受着“消极自由”（这一群体和所谓“小资”群体有很大的重合）。李少君小说经常出现的场景如酒吧、酒店、舞厅是他们重要的日常活动空间。不过，酒吧等场所已不是“摩登”的象征，而是现代日常生活的某种写照。在二十世纪八十年代的想象中，他们已经过上了“现代”的生活，还有什么不满足的呢？

但他们的生活却出现了内在的危机。一种刻骨的忧伤与苦闷从生活深处弥散出来，绵长，不绝如缕，无处不在。这种忧伤通过情爱问题得以体现，其实，苦闷另有根源，它源自生活自身的某种缺憾与匮乏。《人生太美好》的结尾是颇具象征性的：顾扬通过他与吴云的感情，发现了自己的既往幸福生活的虚假，生活开始呈现另一种面貌，“日子在一天一天地过下去，但是顾扬对这个城市似乎不再留恋，而且走在任何一条大街小巷，或公园或宾馆，总让他触景伤情，没有情绪。以前曾有过美好的感觉，这里好像是自己的家，但这种感觉再不曾出现”。最后，他选择了逃离这座城市，其实是试图逃离既往的生活轨道。“顾扬坐在一架波音757飞机上，此时正是晚上，顾扬透过玻璃窗看不远处的万家灯火，这个城市宛如一颗巨大的珍珠。以其璀璨的光芒吸引着许许多多的人，但自己已不属于那群人了，顾扬心底泛起一阵又温馨又迷惘的体味。‘人生太美好’，他突然想起大学一个同学写的这句诗，不知为什么，一向不读诗的他当时只觉得这句诗有点儿说不出的怪，所以记住了，现在突然觉得这句诗真是适合他此刻的心境。‘人生太美好’，顾扬喃喃地念了一遍。飞机一阵呼啸，腾空而起。”最后的腾空而起，使他成为悬在空中没有根的存在，这是他尴尬的生活处境的隐喻。小说的题目具有意味深长的反讽性：从表面上看，顾扬的生活，“现代”的生活，的确是太美好了，可是这种美好内里却是忧伤与缺憾。

李少君的小说对这一人群的描述揭示了当代精神史的某种轨迹，二十世纪八十年代的启蒙主义知识分子对社会、政治、人性与文化的理想追求丧失之后（或者说，他们这种对宏大意义的追求冲动丧失之后），中国的知识阶层（更不要说它的中下层）逐渐向封闭在自我内部的“个人”退缩，公共性丧失，他们从公共领域退回到私人领域，个体的利益、生活品质成为生活的全部，李少君笔下的人物正是这一群体的代表。李少君揭示了至关重要的一点，尽管在这些人物的心目中，个人的生命愉悦高于外在道德尺度和社会责任感，但他们仍然重视所谓人生意义，对于美好情感、心灵相契等生命的内在性的价值仍有潜在的但也是深深的迷恋，某种意义上，也可以说，它是二十世纪八十年代那些理想主义、宏大追求的残余物或余烬。这也是宏大理想丧失后的一种替代性的生活理想。尽管小说中的人物很难说是知识分子，从社会身份和精神气质上来看，他们或许更像是“小资”，但一个普遍的事实是，二十世纪九十年代以后，经典意义上的知识分子消失了，“小资”的生活方式大行其道。

这决定了李少君小说中的此类人物对欲望（金钱的或性的）的释放是有限度的。在这里，李少君的小说和“六十年代作家”的欲望化写作路线呈现出重要的分野[①]，当然，也不同于张欣式的矫情的都市情感故事。在欲望化写作中，性爱冒险不但是作为中心事件，而且还是作为主要的叙事动力而存在的，在这类故事中，世俗性的欲望目标既是小说人物人生的动力，也是故事进行的基本推动力。人物和自身的欲望是同一的，或者说，他们只是欲望的人格化、符号化。然而，李少君小说中的典型人物却永远无法沉溺于欲望的满足与实现。我们不难发现，他们往往外在于自己的欲望，在欲望的追逐中，虽然似乎有一个轻松的起点，但过程尤其是结局却并不轻松，他们在这一过程中保持了一种冥想的气质和审慎、反思的态度，即使在风月场中，对通常只作为欲望对象的坐台小姐，他们也是如此，在与“她”共度一夜之后，“他”陷入反思的状态：“他笑了一下，自己什么时候变得如文人般多愁善感起来了，汉口的夜可从未让他起过这种想法，在那里，他总是奔忙着，常常很充实，充实地去赚钱、去谈判、去跟女孩子约会。但人有时候自己也不知道自己究竟需要什么，即使他这样一直那么顺，在别人看来过

① 对于欲望化写作，陈晓明有详细的评述，陈晓明：《表意的焦虑》，中央编译出版社，2002。

得那么自在、适应潮流、本身也正是时髦的白领，也那么难以捉摸，并不知道自己真正需要的是什么。有时候真是很难碰上一个很合得来的人啊，他有点疲倦地想，其实这样忙忙碌碌，有时不就是想寻找一种安宁的、惬意的感觉吗？找个可以不用费什么心机的人说说话，一起过日子吗？人如果合得来，仅仅只是性吗？”（《西安未眠夜》）

此后又是对性的思考，直到“他不再想这些问题，令人头痛”。

他们对生活中的诱惑有冲动，或希望自己能有冲动，但又无法投入地放纵，或者说不屑于这么做。他们真正渴望的是生命中的某种真实的感觉，仍是为了获得某种情感或性情深度的生存意义，他们之所以漫游于都市，频频与女孩约会，可以看作是对刻板的现代生活的逃避，而一旦他们怦然心动，他们就以为发现了拯救生活的契机。原来的生活的真相一旦被照亮，就再也回不去了。在西安遭遇“她”之后，“他”这样想：“后天，又要回到原来的生活中去了，那是一种符合规范的生活，他有一份安稳的工作，还会有一个贤惠的妻子，业余时间也可以有一些艳遇，他突然感到一阵前所未有的黯然的伤感，真是无法改变这一切吗？”当然，通过这种方式来挽救生活危机毕竟还是太脆弱了。

《废墟》中的杨晨最后的阳痿别具意味。这绝非因为纵欲过后的厌倦与空虚。从根本上说，杨晨追求的仍然是那个看似越轨的性爱背后的意义，是对四平八稳、波澜不惊的刻板现代生活的质疑和反抗。它其实和性本就没有必然的关系（小说一开始就交代杨晨并非一个“爱乱找女人的男人”已经暗示了这一点），他最后失去性能力是合乎逻辑的发展。在与丽丽、刘露和陈雨君三位女性的关系中，妻子丽丽是刻板的生活的一部分，杨晨“迷迷糊糊地走向了结婚”，“在结婚前一个礼拜，杨晨心里是不太踏实的，每天恍恍惚惚，神不守舍，好像丢了什么似的，落落寡合，总觉得哪里不对劲，仔细一回神，又没有什么不正常”。刘露的诱惑激起了杨晨的惶惑、不安和冲动，似乎显示了某种新鲜的可能性，但陈雨君的出现，却让杨晨明白了自己真正的需要并不是性，“杨晨回想起昨夜，情欲并不是那么强烈”，对于陈雨君的肉体，“也仅仅是回味，居然没有一点色情的冲动，反倒像回味一幅画，有种审美的感觉”。因为，“她本身就代表着另一个世界”，杨晨对陈雨君的一句话看似平常，却深藏玄机：“我只觉得，我很想爱，而你正好出现了。”正是如此，与陈雨君的“爱情”正是源于杨晨持续的追求生命内在意义的渴望。

杨晨们所遭遇到的生活困境以及他们脆弱的自我解救方式，或许有点值得我们同情。虽然在形式上他们似乎有悖于爱情的伦理，但其实他们还是有清晰的伦理意识，也有某种承担和责任感，不要说《海口之恋》和《说不定什么时候出错》中的林君和西林，即使是杨晨、顾扬等人，也不失正直的品格。

李少君的主人公里也有个别完全以欲望为动力，缺乏道德感的人物，如罗强（《说不定什么时候出错》）、高（《1999 年的 A 城》）、梁青和王智（《青春的追杀》）。他们与前述的杨晨等人物形成了对比，这种对比大概能够表明李少君的态度。对于罗强们，李少君使用了一种反讽的、批判性的态度，他只描述他们的外在动作，很少进入他们的内心——或许他们本就无所谓内心。而对于杨晨们，李少君则使用了一种沉思的、忧伤的语调，对他们内心感受的描摹也更为细致。对这些人来说，情爱并非一个外在事件，而是一种内心生活，它们只是改变世界或生活的尝试，或干脆就是拯救生活的看似逢场作戏实则沉重的努力，这注定了那些貌似游戏的男欢女爱的忧伤本质。每一次欢愉都是“现代忧伤”的结果，但也往往是另一重忧伤的前奏。作为疗治生活内在匮乏的灵丹妙药的情爱往往最后证明只不过是饮鸩止渴而已。

于是，在李少君的小说中，废墟就成为当代城市生活的指称和隐喻，《废墟》正是这种象征，道出了市场社会日常生活令人忧伤的实质，消费社会的繁华热闹下面是内在性、生命深度的匮乏与荒芜。在这片现代生活的废墟之上，女性或情爱就被赋予了特别的意义，这也表明了现代生活危机的不可解救，他们没有别的方式，只好寄希望于可怜的情爱。“突然，她从一大片零碎的、形象的废墟中凸现出来，如此清晰，那么有女人味，那么情感，那么让人牵肠挂肚，柔肠寸断，他有了一种强烈的欲望，或者说一种强烈的愿望在呼唤他，他不想她再去坐台。”“他打完电话，长长地嘘了一口气，他感到很轻松，他在唤醒她的同时，她也唤醒了他，他在救了她的同时，她也救了他。”（《西安未眠夜》）

美好的异性，显然成为他们追求人生意义的一种替代形式，被寄寓了种种美好的意义。这使李少君的那些典型人物多少有点贾宝玉的影子，“杨晨更多的是好色而不淫。他确实喜欢和女人打交道，他觉得和一个美丽的女人在一起，也会使男人显得优雅有魅力”（《废墟》）。《华丽之夜的苦闷》中的“我”同样是一个现代都市的“宝二爷”，他只满足于与美丽的女性为友，对真正的性欲的释放反倒非常不屑。正因为女性被赋予了这样的意义，《华丽之夜的苦闷》中才对女性的堕落痛心疾首。特别值得一提的是，这篇小说突出地写到了女性的苦闷，对时代的批判也最为外在，它颇能显示李少君小说的一贯主题，“苦闷是普遍的，深深地潜入了我们的生活深处”，“我有时候想不通女人们为什么在那么短的时间里就变成这样了，但有一点是肯定的，那就是先行堕落的男人负有不可推卸的责任。但我后来又想，男人们如此比赛着堕落也是事出有因，在这样一个压抑的时代，人们活得毫无乐趣可言，只好把精力和精神放在性的花样百出上，性寄托了他们的创造力和智慧，勾引女人、争相堕落，耗费了他们大部分的时间和精神。

男人们在调情、嫖妓中寻找可怜的快乐。他们实在无所事事，这也禁止，那也不让干，他们苦闷，需要发泄。这不仅限于我们这个城市，这是时代的苦闷。这也不仅限于男人，这是所有人的苦闷。难怪我如今碰到的女人们总是怨气冲冲，心怀不满，好像谁欠了她们一屁股债似的，总是这也看不惯，那也看不惯，什么都难以满足。这只能说是时代亏欠她们的”。小说最后突然到来的地震使“夜晚”的华丽显出了脆弱和虚假。

但总的来说，除了这种强烈的表达某位女性的意义，尤其是她的意外出现，还在于构成小说主人公人生的转折。她们对主人公习惯的生活起到了“揭穿”的作用。市场社会，当代都市生活，已经深刻地改变了他们的生活，甚至是他们体验生活的方式。他们总处在一种莫名其妙的不满足之中，尽管欲望的释放并不存在多大障碍。于是，这些特别的女性在生活中突然出现的时候，一直在等待、处在寻找的饥渴中的男主人公们马上读出了她们的意义，她们是改变生活的契机，他们眼前一亮，本能地渴望抓住它。

洪治纲说：李少君的小说经常以日常生活中的一次突发事件为核心，虽然这种偶发事件在形式上并没有给主人公的生活带来实质性的改变，但在它之后，主人公的生活无可挽回地改变了，变得意义不同了。[①]洪治纲的这一分析很准确，但我不太同意他关于救赎的说法，事实上，它们可能远未达到救赎的深度和力量，李少君可能也没有打算书写世俗生活中获得救赎的故事，哪怕是非常低调的。

日常生活中偏离常规的偶发事件似乎向林君、顾扬等人揭示了生活的某种真相，或承诺了生命中的光亮，它不期然之间一下子裸露、敞开了生活的另一种可能性，显示了生命中不可缺失的意义。但它又总是一闪而过，即使抓住了也会很快滑脱，让人怅然若失。

---

① 洪治纲：《感伤的救赎》，《南方文坛》2003 年第 4 期。

李少君小说中的主人公具有理想性的气质，不愿随波逐流，但他们也不会因为这种生活中的可能性而生发出狂热的理想主义的热情。在《海口之恋》和《蓝吧》中这一点都体现得很明显。《海口之恋》中的林君对大学时代的同学于晴的恋情，已经具有了象征的意义，可以说清纯美好的于晴是人生意义与理想的人格化。但林君追求于晴的海口之行，作为一次抓取生活意义的努力，失败了，小说有意把这种失败处理得非常含混，若有若无，也格外令人忧伤。海口，这个市场时代的压抑力量的隐喻，已经内在地损伤了爱情的可能性，它使大学时代的那种爱情彻底不合时宜了。我们相信，双方对彼此的感情没有问题，但也可以说，这种想象中的爱情已随着时过境迁，出了大问题。这一点双方都是清楚的。伤心正源于此，但又不是那种强烈的伤心，或许这正是令人倍感尴尬之处。《蓝吧》中写到的那次偶发事件也使“我”和酒吧的主人蓝林发现了自己生活的某种匮乏，它所揭示的生活的真相一旦显现，生活就再也难以按原来的轨迹运行了，但我们又能对他们改变生活的新尝试的效果，比如换一份工作，抱多大指望呢？

李少君笔下的人物于是就成为城市的漫游者，也成为生活的游荡者。他们游走在海口或西安的夜晚，行止于酒吧和女性之间，寻找一种真实的生命感觉——心动的感觉，捕捉生活中的美好契机，但又不想为情所累，玩世，但并非不恭。或许，这正是二十世纪九十年代以来不合作于现代体制，又无力介入革命性实践的小知识分子的精神写照。这些普遍受过大学教育，正在成为白领或准白领的人群已被这个时代所改造，但又未被彻底驯化。不过他们也无力对抗现实。同时，由于不处在社会底层，并未陷入生存的绝望，所以也没有强烈的革命性，因而想努力超越干枯的现实生活，却又犹豫迟疑。这是一幅批判性的画像，对小知识分子，更是对时代。在现代市场社会表面的舒适下面是生活的空洞。生活已经出了错。

作为原子化的个人，社会的中层似乎已获得了充分的消费自由，免除了来自政治暴力的压抑，但由消费主义掩饰、装饰的热闹背后却是无尽的荒凉，“一切都解体了”，一切的艳遇都是可能的，却是没有深度的。这就导致了忧伤。

这就从特定的角度写出了普遍的时代感受，它可能就是弥漫在小说中的感伤气息的来源。事实上这种情绪里有对当下时代的判断，是对人们普遍性的生存处境的书写。特别平和，但却刻骨铭心。

我想这正是李少君的小说有一种伤感的诗性的最根本原因。他的小说虽然语言非常日常化，写的也是日常场景，却具有一种诗意的内在气质，并由此而弥散出一股感伤的力量。这一点都不奇怪，因为他书写的正是还具有残存诗意追求的人对生活的内在渴望，以及当代生活最终拒绝这种渴望的令人感伤的现实。

李少君的小说普遍采取限制性的叙事角度，加强了生活亲历性，因而小说叙述是非常感性的，但借助这种视角，他又进入了人物的内心，传达出他们对生活经验自身的沉思，二者构成了有趣的张力。当然，在叙事人讲述故事的同时，我们也依稀地看到了那个故事层之上的作者本人，那个时代心灵状况的观察者和不露声色的评判者。

李少君的小说写作呈现不断生长的趋向和发展的轨迹，他较早期的小说也不乏对生活与时代的敏锐发现，但往往很可惜地被外在的戏剧性或情节性过于强烈的情爱际遇或外在事件所冲淡和损伤，从而伤害了表达的尖锐性，磨损了内在的力量。从二十世纪九十年代后期开始，他逐渐显示出作为小说家的某种成熟，外在的情节淡化了，戏剧性减弱了，或者说，戏剧性内在化了，但对日常经验、人物的情绪和感觉，他却有了更精细、微妙的触摸，对时代情绪的表达也更加有力。而且，从他小说的细部透出诗性的气质，从而呈现出清晰的个人风格，这以《人生太美好》《蓝吧》

《海口之恋》《华丽之夜的苦闷》为代表。它们是二十世纪九十年代以后不能轻易被忽略的小说，同时也在提示着李少君作为小说家的意义所在。

重写女性的历史

——评杨沐长篇小说《双人舞》

《双人舞》是一部才华横溢的小说，它以一个略带悬疑色彩的故事，讲述了一个现代女性寻找自我精神源头的戏剧化过程。小说有着很强的故事性和可读性，在形式上具备了某些时尚流行的元素，一不小心会让人误以为是一部另类的女性情感小说。一般来说，小说好看，总会让那些有着扭曲的“纯文学”洁癖的专业读者心怀疑虑，总担心上了大众文化的当。但是，我想说的是，正如杨沐的这部《双人舞》表明的那样，“好看”不是原罪，它完全可以和尖锐、深刻的艺术表达相得益彰；相形之下，那些写得“难看”的小说并不必然高明，相反，“难看”更多的是源于叙事的无能和感受力的退化。艺术上的平庸和低能更需要“难看”和沉闷来掩饰。当冗长、乏味被认为是艺术性、深刻性的某种标志，并成为约定俗成的隐形文学价值评价尺度之时，装腔作势的烦琐无聊就会以艺术之名流行文坛，并且有恃无恐。这是当代文学最为奇诡的景象。不过，我越来越坚定地认为，如果一部小说，对几乎所有类型的读者来说（业余的以及受过职业训练的），都不能激起愉悦感和欲罢不能的好奇，或是对人物命运的关注，而只是一再以艺术的、思想的名义考验读者的耐心和牺牲精神，那么我们几乎可以肯定，这是一部坏小说，甚至是不道德的小说，不管它被什么权威奉为经典。

我想，不同层次的读者都会认可《双人舞》的好看，赞叹杨沐讲故事的能力，对叙述节奏的控制力，文字的优雅质地，等等，但是，这诸多因素导致的阅读的流畅和快感也往往会让人忽略、怠慢了杨沐的深意。

在我看来，《双人舞》是一部带有鲜明性别立场的小说，不同于二十世纪九十年代女性主义写作那么幽怨甚至暴虐——它们总是在一种与男性世界的紧张关系中展开女巫式的叙述，要么就是退回到个体化的狭小女性经验中顾影自怜，它的末流甚至借女性经验的奇观化展示暗中迎合消费主义的、男性化的欲望化凝视。而这部小说，从一开始就没有面对男性世界的焦虑，它只面对女性自己的问题，最重要的是，它要在社会历史的隐约背景中展开对女性生存境遇的描述，进行对女性精神血缘的探究与批判，以及对这份暧昧复杂的母系精神血统的确认与回归。这决定了《双人舞》的尖锐与大气，决定了它的惊心动魄与坚定从容。这是我所见到的进入二十一世纪以来最为出色的女性小说。

《双人舞》的表层故事是喻小骞探查武凰即武玉梅的秘密，随着调查的深入，另一个更大的秘密却慢慢浮现出来，那是喻小骞刻意遗忘、屏蔽的自己的幽暗历史，一个她从少年时代起试图摆脱的沉重的梦魇。而随着这个记忆深渊的打开，她再度进入曾经的创伤性场景。于是，喻小骞开启了一段打开心结、重新寻找自我的旅程。同时，这一过程也是她重新发现并审视母系精神血统的过程，由此，喻小骞重新与这份海南女性的历史基因建立了联系。

杨沐以极其感性、细腻、抽丝剥茧式的叙述，包裹了一个颇具精神分析色彩的精神寻根故事。于是，一段惨烈的较量在喻小骞和武玉梅之间展开了。她们必须在互相伤害中逼近或重回那个创伤性“原点”（那是她们命运的交集），才能获得解脱、和解，同时获得救赎和升华。

通过武玉梅和喻小骞之间互为镜像的灵魂“双人舞”，杨沐批判性地探究了海南女性的性格基因，并重构了一个母系的海南历史与另类的中国女性的精神血缘。不难发现，小说暗含了一条从冼夫人、红色娘子军、武米把、武稻子到武玉梅的潜在线索，这是一条暧昧不明的文化胎记，在不同的历史情境中，呈现出色彩各异、善恶不同的面貌。但是，谁又能否认这种性格深处所含有的非凡的创造力和精神能量呢？

武玉梅的形象是深刻而复杂的，她让人赞叹、同情而又憎恨，她的性格扭曲，既有着个体的原因，又是海南女性的集体性格逻辑的产物，从根源上说，也是海南女性特殊的生活情境所致。武玉梅顽强求生的本能和寻求承认的强大生命能量，在本质上源于男权的压抑。这导致了武玉梅自身被男性世界的逻辑所同化，她变得粗糙而强悍，自私而决绝。她反抗男性世界的方式也是男性化的，她的异化与病态性格深深打上了男权模式的烙印。她以男权的方式参与男权化的“文革”，正是源于这种“承认的政治”的诉求，在男权天空下，她试图寻找自我的实现。

直到遇到于红杉，武玉梅身上的女性生命才开始觉醒，她才意识到自己的干枯、贫瘠；透过红杉的折射，她才看到了女性生命的意义。于红杉天生丽质，更重要的是，她身上携带着细致的文化教养留下的痕迹，这种生理与文化自然结合的美感，尤其是来自北京的文化优势和高雅的艺术之美（芭蕾），对武玉梅来说具有美学启蒙和性别启蒙的意义，那属于另一个她不曾见过的世界，一个与她所习惯的世界截然不同的世界。

通过于红杉的“双人舞”，武玉梅重新发现了自己的女性身份，包括女性的欲望和本能，这是武玉梅获得拯救的契机。但是，后来于红杉背叛了她，这是具有毁灭作用的。真正的伤害不是来自政治后果，而是来自理想的破灭——她自救的希望破灭了。于是，她报复式地追求男性化的成功以填充生命的空虚。我想，她身患绝症或许正是一种隐喻。直到那时，她才最终意识到，她是一个人生的失败者，所以，她要在有限的、残存的岁月里，要么报复于红杉，要么顽强地回到生命意义的转折处与梦想同归于尽。其实，武玉梅的无意识中还残存着某种希望，希望重温当初的美好原点，重温精神的“双人舞”，她希望在那一刻死去，并在象征的意义上获得永生。于是，武玉梅走向了同样遇到危机且一直生活在心理阴影中的于红杉即喻小骞，两人的命运再度发生交集，这是一个重新理解对方，更是重新理解自己的过程。

关于红色娘子军的叙述构成了一线潜在的线索，有趣的是，采访红色娘子军老战士的陈奷姒正是海南女性历史生存境况的当下延续，她一方面逆来顺受，遵从男权秩序，另一方面也显示了一种海南女性特有的执拗。而武玉梅则更多表现出对这种生存境况的反抗性，当然也表现出了这种恶劣的生存状况和反抗行动所导致的自身的粗糙化、中性化甚至暴虐化。她和红色娘子军战士一样，如男性一般劳作、如男性一般打仗，不以为异样。男权化的社会压迫以及女性们对这种性别秩序的内化和习惯化，使她们没有像内陆女性那样充分发展柔弱、纤细的社会性别化特征，没有得到男性的歧视性的、宠物化的爱护，反而使她们充分地男性化了。在社会实践层面上，海南女性占据了较男性更为重要的地位，这就实现了主奴的辩证法的反转，只是在观念层面上，她们还没形成鲜明的自我意识，这妨碍了她们在家庭和社会中政治处境的改变。从这一意义上说，武玉梅的巨大权力欲和控制欲——以至于要做武则天、观音，都只是以偏执和极端的形式显示了海南女性的正当权利诉求。

即使武玉梅的性别被异化，也并没有完全泯灭她内心对美的敏感和作为女性的欲望，只不过，对男性的失望使得她不可能在男性那里实现。这是她近乎痴狂而后又绝望地要抓住于红杉的原因，事实上，于红杉在很大程度上正是由武玉梅的内心需要所创造出来的情感投射对象。

在冼夫人、红色娘子军、武米把、武稻子、武玉梅、阿琼嫂等人身上，显示了海南女性不依靠男性、支配自我命运的独立性和潜在的反抗精神，尽管更多的是因为无奈和绝望。在她们身上蕴藏着巨大的生命能量。不同时代的海南女性以不同的方式延续了这一精神血缘与文化基因，尽管有时是以某种病态的形式，比如武玉梅的谵妄和武羚羊后现代式的自我内爆。即使如此，武羚羊的血液里还是继承了某种海南女性的特质，这是喻小骞禁不住迷恋她的原因，也是喻小骞表面上厌恶她的原因。

有意味的是，《双人舞》中的男性形象都非常糟糕。柏树则、阿木、海青山、常一、钟吉昌，甚至随便一个小人物如党副局长、杨儒文等，一律自私狭隘、缺乏主见、性格懦弱、薄情寡义，远不如女性有气概、有担当，即使作恶也爽快。而武家唯一的男丁武玉玺是个智障，在这个母系家族里基本是个母亲的宠物，这无疑也是大有深意的一笔。

杨沐通过对武玉梅这一形象的创造追索，重建了一个海南女性的精神血脉。

武玉梅一直不认同父系血缘，除了报复式地欺侮前夫家，还刻意要建一座母系的祠堂。相对于主流的大陆文明传统，这一精神血脉显然是另类的，也是令人惊叹的，不管它有多少污浊和杂质，都是千百年来中国女性生命活力和创造能量的一个证明。这也是为什么来自北京的当代女性喻小骞被深深震撼，在最后与武玉梅和解，并认祖归宗的原因——在母系的意义上，她重新确认了琼海作为故乡。

我不想让读者误解，以为《双人舞》的价值在于表达了上述观念性内容。小说不同于理论专著和学术论文，观念性内容只能是艺术表达的副产品，小说的思想诉诸你的感受性，这种思想的力度取决于文学修辞的能力，只是艺术效果的一部分。小说的成功得益于杨沐的叙述才华，她懂得如何紧凑地营建和推进内在的戏剧性，并能够在 30 万字的篇幅内保持不衰减的叙述能量，维系充沛的情绪，经营汁液饱满的细节。虽然小说多少迁就了一些流行小说的俗套，却掩不住非同一般的才情。这种能力，在当代女作家里面极为少见。她的才华还有待更广泛的阅读来加以确认。

多多诗歌写作的历史演进

> 多多是一位少见的，不仅一直保持着强劲的创造力，而且愈写愈独特、愈写愈好的诗人。多多的诗，已构成了汉语诗歌近二三十年乃至近百年来一道最优异、罕见的景观。无论何时何地，我都为汉语诗歌能拥有这样的诗人骄傲。
>
> ——王家新

多多是位具有世界意义的诗人，他对海南诗歌史的意义，正如韩少功对海南小说史的意义一样，具有象征性和标志性。多多是一位“保持其男高音最久的诗人”（李少君语），自1972年至今，他一直保持着不衰减的创作活力和时代的艺术高度和水准。

不过，对多多的文学史意义，以及其诗歌艺术的分析，不是本文的任务，事实上，已有一些批评家在这方面做出了出色的贡献。我只想从历史的线索，梳理多多诗歌写作的演进过程，并试图寻绎其各个写作阶段之间的内在逻辑关系，发掘那些来自历史语境及多多个人生命史的写作动力，在此基础上，再来描述多多诗歌在主题意蕴及风格技巧方面发生的变异。这种描述不可避免地会带出一个问题：多多那些看似个人性的孤独诗艺探索是如何实现新诗艺术的历史性突破的。这是这篇流水账风格的短文真正的问题意识之所在，虽然它只能非常初步与粗浅地触及这个问题。

多多的生活与创作从外在周期和内在变化上可以大体分为四个时期，“白洋淀”时期（1972–1976），二十世纪八十年代（1982–1988），域外时期（1989–2004），海南时期（2004 年至今）。

1.“白洋淀”时期（1972–1976）

“白洋淀诗群”是“文革”中的青年诗歌写作或所谓“潜在写作”的重要群体，它构成了后来“新时期”“朦胧诗”的源头（“白洋淀诗派”或“白洋淀诗群”是二十世纪八十年代后期的命名）。这一群体来自 1969 年以后陆续赴河北安新县境内的白洋淀地区“插队”的北京中学生，代表人物有根子（岳重）、多多（栗世征）、芒克（姜世伟）等。多多（这一笔名为后来创作时使用）是其中最具才华和思想的代表性人物之一。他出身高级知识分子家庭，阅读视野开阔，有着高远的思想追求和自我预期。包括多多在内的这一小团体由于特殊的出身背景和机缘，得以接触“文革”中属于“禁书”的中外文学、政治、哲学等方面书籍。除二十世纪五六十年代的正式出版物外，尤其是二十世纪六十年代由作家出版社、人民文学出版社、商务印书馆和上海人民出版社出版的内部发行的西方图书给多多等人带来了奠基性的滋养，也构成了多多写作的重要精神资源和文学价值尺度与技巧武库。

在朋友岳重的“刺激”下，多多于 1972 年开始写诗，这一时期的部分诗中隐含着特定历史条件下的个体对于历史暴力的反思，“带有叛逆及强烈见证色彩”（贝岭语）。

手能够折下鲜花
嘴唇能够够到嘴唇
没有风暴也没有革命
灌溉大地的是人民捐献的酒
能够这样活着
可有多好……

——《能够》（1973年）

花仍在虚假地开放
凶恶的树仍在不停地摇曳
不停地坠落它们不幸的女儿
太阳已像拳师一样逾墙而走
留下少年，面对着忧郁的向日葵……

——《夏》（1975年）

或许，这一时期的大部分诗作都带有对时代压力的反抗，带有一定的政治指向性，但多多没有试图以诗去传达某种政治态度，而是以个体经验包容了那个本身已高度政治化的日常生活。

《当人民从干酪上站起》《黄昏》《无题》是这一时期此类作品的代表性作品。

但在这一时期，多多已开始显现出对写作、语言与世界关系的自觉，初步显露出超出时代的对诗歌写作的理解：诗不是单纯的情感或观念的外露，写作一开始就处在与语言的纠缠中，所以多多不得不注重技艺的磨炼，这导致了多多严谨的类似“苦吟”态度。

据宋海泉在《白洋淀琐忆》中回忆："毛头（即多多）对自己的诗改了又改，精雕细琢。很多作品发表时同我当年看到的已不大相同。坚持诗的形式美，坚持人性的立场……拿着一把人性的尺子，去衡量大千世界林林总总，一切扭曲的形象，但就其本质来说，毛头应该属于理性化的诗人。"[①] 宋海泉这一并不准确的表述并不妨碍我们领会这一时期多多对诗歌写作的自觉程度，他的名作《手艺——和玛琳娜·茨维塔耶娃》（1973 年）即清晰地显现了这种对作为一个诗人的命运的自觉：

我写青春沦落的诗
（写不贞的诗）
写在窄长的房间中
被诗人奸污
被咖啡馆辞退街头的诗
我那冷漠的
再无怨恨的诗
（本身就是一个故事）
我那没有人读的诗
正如一个故事的历史
我那失去骄傲
失去爱情的
（我那贵族的诗）
她，终会被农民娶走
她，就是我荒废的时日……

多多这个时期的诗歌已经显现出独特的个人风格和非凡的才

① 宋海泉：《白洋淀琐忆》，载廖亦武主编《沉沦的圣殿》，新疆青少年出版社，1999。

华，他的想象方式和独特语汇是难以被那个时代的美学趣味所接受的。打碎日常语义链条的极富张力的语词组接方式和极其欧化的复杂句式都具有阅读的挑战性。

一个阶级的血流尽了
一个阶级的箭头仍在发射
那空漠的没有灵感的天空
那阴魂萦绕的古旧的中国的梦
当那枚灰色的变质的月亮
从荒漠的历史边际升起
在这座漆黑的空空的城市中
又传来红色恐怖的急促的敲击声……

——《无题》（1974 年）

2. 二十世纪八十年代（1982–1988）

在经过几年的创作上的积聚之后，多多进入了一个新的创作阶段。“文革”结束后，中国的社会文化环境也发生了很大的变化。不难发现，这一时期，多多诗中的政治性或对抗性减弱了，与其说这是出于一种刻意的诗学的选择，还不如说是由于诗人所面对的生活与自身经验本身的巨大改变所致。二十世纪八十年代以后，中国的社会生活的质地发生改变，高度政治化的日常生活形态已难以维持，政治压力的减弱自然降低了对抗它的必要性，多多诗作的形而上的气质明显增强，但奇怪的是，尽管多多的诗所具有的形而上思索的意味清晰可感，他那奇特的、张力巨大的意象组合却一再阻断读者的理解，让人难以把握它的方向。

另外，多多诗作的某种意义上的“非政治化”，对人生意义的发掘却没有预设一种新启蒙主义的宏大的“人”的理想——这种“人”的理想和一套现代社会的政治目标及方案潜在相连，在二十世纪八十年代初，追求现代化的历史冲动在文学中获得了它动人的感性形态，当时风行于世的朦胧诗正是在这一背景中确立了自己的美学意义。但多多二十世纪八十年代的创作却和当时的主流诗界保持了疏离，从本质上讲，多多和当时的朦胧诗所秉持的意识形态话语难以形成对话关系，因而多多诗中的明朗与阴郁均无法在朦胧诗时代的美学词典中找到对应，这使得朦胧诗逐渐进入主流文化，而多多却进一步被边缘化。或许关于多多的不被理解，人们轻松地归因于多多诗歌语汇晦涩，这当然有一定道理，但是，从某种意义上说，意识形态语码的不对接或许才是晦涩的真正来源。从这里可以看出，把多多归于朦胧诗派，甚至称其为朦胧诗的先驱是多么的不恰当。在《被埋葬的中国诗人（1972—1978）》中，多多深情地回忆了与郭路生、芒克、岳重等诗人的交往，寄寓了对历经苦难的中国诗人的一种忧伤的怀念。然而，多多是激愤的，他说：“我所经历的一个时代的精英已被埋入历史，倒是一些孱弱者在今日飞上天空。因此，我除了把那个时代叙述出来，别无他法。”[①]与其说是为郭路生等人抱屈，还不如说是自况更合适。

多多这一时期的诗作具有成熟的现代气质，对人的生存经验的书写使人难忘，具有一种高亢而明亮的声色，尽管他有些诗是阴郁的。

从死亡的方向看总会看到
一生不应见到的人

① 多多：《被埋葬的中国诗人（1972–1978），载廖亦武主编《沉沦的圣殿》，新疆青少年出版社，1999。

总会随便地埋到一个地点
随便嗅嗅，就把自己埋在那里
埋在让他们恨的地点
他们把铲中的土倒在你脸上
要谢谢他们。再谢一次
你的眼睛就再也看不到敌人
就会从死亡的方向传来
他们陷入敌意时的叫喊
你却再也听不见
那完全是痛苦的叫喊！

——《从死亡的方向看》（1983 年）

从死亡的方向看，也就是预先站到死亡中去，回头来打量生的意义，这是一个奇特的角度，是一种不可能的目光，是超出世俗思维极限的思维，是对世俗智慧和理性的瓦解。

雪锹铲平了冬天的额头
树木
我听到你嘹亮的声音

我听到滴水声，一阵化雪的激动：
太阳的光芒像出炉的钢水倒进田野
它的光线从巨鸟展开双翼的方向投来

巨蟒，在卵石堆上摔打肉体
窗框，像酗酒大兵的嗓子在燃烧
我听到大海在铁皮屋顶上的喧嚣

啊，寂静
我在忘记你雪白的屋顶
从一阵散雪的风中，我曾得到过一阵疼痛

当田野强烈地肯定着爱情
我推拒春天的喊声
淹没在栗子滚下坡的巨流中
我怕我的心啊
我在喊：我怕我的心啊
会由于快乐，而变得无用！

——《春之舞》（1985 年）

1988 年，今天诗歌奖授奖词说："自二十世纪七十年代初期至 1988 年，多多在诗艺上孤独而不倦的探索，一直激励着和影响许多同时代的诗人。通过对痛苦的认知，对个体生命的内省，展示了人类生存的困境，他以近乎疯狂的对文化和语言的挑战，丰富了中国时代诗歌的内涵和表现力。"这也可以看作是对多多二十世纪八十年代创作的一种综合评价。

3. 域外时期（1989–2004）

1989 年离国的多多，经历过历史变故和个人命运的转折，体味到历史断裂和旅居异国的悲凉，更重要的是，真正体会到了作为一个诗人远离母语的怆伤与悲剧性。多多自己说："在中国，我总有一个对立面可以痛痛快快地骂它；而在西方，我只能折腾我自己，最后简直受不了。"

吸收冬天的寒冷，倾听云的遥远的运动
北方的树，站在二月的风里
离别，也站在那里
在玻璃窗上映得又远又清晰。

——《北方的记忆》（1993 年）

正是这种外在迁徙和内在变故导致了多多诗风的转变，刚到荷兰不久的诗作《阿姆斯特丹的河流》（1989 年）表达的正是这样一种情绪：

十一月入夜的城市
唯有阿姆斯特丹的河流

突然

我家树上的橘子
在秋风中晃动

我关上窗户，也没有用
河流倒流，也没有用
那镶满珍珠的大阳，升起来了

也没有用
鸽群像铁屑散落
没有男孩子的街道突然显得空阔

秋雨过后
那爬满蜗牛的屋顶
——我的祖国

从阿姆斯特丹的河上，缓缓驶过……

秋日异国的河流勾起故国之思，虽试图排遣，却是“也没有用”。多多的诗里经常出现“铁匠”“收割人”“五月麦浪”“牛群”等土地与家园的意象。如“晾晒谷粒的红房屋顶”，“水在井下经过时 / 犁已死在地里”，“北方的树，站在二月的风里”，“在一所异国的旅馆里 / 北方的麦田开始呼吸”，“像畜栏内，牛群用后蹄惊动大地”，而“……犁，已脱离了与土地的联系”（《北方的记忆》1993 年）。

从海上认识犁，瞬间
就认出我们有过的勇气
……
被来自故乡的牛瞪着，云
叫我流泪，瞬间我就流
但我朝任何方向走
瞬间，就变成了漂流

——《归来》（1994 年）

我们不难从这些诗句中发现诗人内心的伤痛。

客居异国的这一时期，多多达到了他创作中一个高峰，走向了自己艺术的成熟，远离母语却让他找到了母语的尊严，在接受金丝燕采访时，多多表达了这种处境的悖论性质。

金丝燕：怎么不能像以前那样写?

金丝燕：你现在远离故土，又用母语写作，这是一种什么样的心情?

多多：这是一种惩罚，在艺术上又是一种完全正常的惩罚。就如贝多芬失聪一样。金丝燕：你觉得这是惩罚?多多：我觉得这是一种惩罚，也是我个人的一种命运，是我的选择，也是一种困境。可是这种困境也决定了你就不能像以前那样写。

金丝燕：怎么不能像以前那样写?

多多：因为以前是用母语，在我的祖国写作，用汉语是天经地义的事情。而在这里，我不会用荷兰语，我也不学荷兰语，我继续用汉语写作，这种惩罚不是外界的惩罚，是我自我选择的一种惩罚。你说是惩罚，也不完全是惩罚。但无论如何这是我无法选择的一件事情，是一个事实。[①]

正是在这样的命运感中，多多写下了令人刻骨铭心而又击节称叹的诗句：

从指甲缝中隐藏的泥土，我
认出的祖国——母亲
已被打进一个小包裹，远远寄走……

——《在英格兰》（1989—1990 年）

一阵扣错衣襟的冷
……

① 多多、金丝燕：《诗、人和内潜——关于诗歌创作的对话》。

张望，又一次提高了围墙……

——《四合院》（1998 年）

在异国，他反而更深刻地找回了母语，体认到作为一个汉语诗人的命运与承担：

词，瞬间就走回词典
但在词语之内，航行

让从未开始航行的人
永生——都不得归来。

——《归来》（1994 年）

正是从这里，他也找到了归家之途，通过语言的返乡之途，相反，如果不能认识到这一真理，虽在故国，也是异乡，虽“从未开始航行”，却“永生——都不得归来”。

于是，他最终找到了自己的骄傲，“整个英格兰，容不下我的骄傲”（《在英格兰》1989—1990）。

这种情感超越任何的民族主义情感。于是，他不再是他，却依旧是他：

走在额头飘雪的夜里而依旧是
从一张白纸上走过而依旧是
走进那看不见的田野而依旧是

走在词间，麦田间，走在
减价的皮鞋间，走到词

望到家乡的时刻，而依旧是

依旧是，依旧是大地

一道秋光从割草人腿间穿过时，它是
一片金黄的玉米地里有一阵狂笑声，是它
一阵鞭炮声透出鲜红的辣椒地，它依旧是

任何排列也不能再现它的金黄
它的秩序是秋日原野的一阵奋力生长
它有无处不在的说服力，它依旧是它

一阵九月的冷牛粪被铲向空中而依旧是
十月的石头走成了队伍而依旧是
十一月的雨经过一个没有了你的地点而依旧是

依旧是七十只梨子在树上笑歪了脸
你父亲依旧是你母亲
笑声中的一阵咳嗽声

牛头向着逝去的道路颠簸而依旧是
一家人坐在牛车上看雪
被一根巨大的牛舌舔到

温暖呵，依旧是温暖

是来自记忆的雪，增加了记忆的重量

是雪欠下的，这时雪来覆盖
是雪翻过了那一页
翻过了，而依旧是

冬日的麦地和墓地已经接在一起
四棵凄凉的树就种在这里
昔日光涌进了诉说，在话语以外崩裂

崩裂，而依旧是
……

——《依旧是》（1993 年）

4. 海南时期（2004 年至今）

作为一个独立的创作阶段，它可能有些勉强，因为时间较短，而且这一段时间和多多本人的富于生命力的诗歌写作一样，还在生长中，我们不可能把握住命名一个阶段所需要的统一性特征。当然，海南时期这一命名有些古怪，可能很多人会担心因此而缩减了多多创作的意义。但结束旅居生活而定居海南，对多多的诗歌并非没有特殊的意义。回归母语的生活、写作和接受语境，对已在匮乏中刻骨铭心地领会了母语意义的诗人来说，带来了一种从容的心境和舒适感。他曾说，回到母语中的感觉真好。这句话，对于熟读《林中路》多遍的多多来说，自然大有意味。回归意味着自觉地作为诗人守护：

守护炉渣中的母语

守护被痛苦射穿的北方
守护冬日云朵开裂的长城
守护在口号声中继续偏离的
这山，这水，这田园式的非完美

——《为避免强行歌唱强行守护》（2005 年）

多多之所以选择海南定居，恐怕也不仅是出于生活的考虑。相对于早期创作中北方的天空、树林、大雪，南国植物的温和或许正开始取代肃杀的北方树林，南海的波光也冲淡了北欧海天的阴郁。

在多多的写作生涯中，这是一个不能被确切书写的创作阶段，之所以强行分期，只因它不属于此前的任何一个阶段，而且，多多曾说，明显感到自己的创作又进入了一个高潮阶段，要好好利用这段时间。不过，到海南以后，多多的诗作并不多，已经发表的大概只有二十几首，这似乎有些奇怪，但联系多多曾说过的另外的话，就不难理解了：属于一个优秀诗人的诗歌是有限的，不是写一首多一首，而是写一首少一首。

我们可以期待，也似乎正在看到，一个新的多多正在生长。这仍待进一步观察，但也可以进行一些初步的描述。

海南时期，多多的诗作的确出现了一些可感的变化，在总体上，异域时期的焦虑感、孤独感消退了，似乎也已不再那么沉重、紧张，戏剧性的内在冲突不再那么强烈与外在。我们可以发现，“爱”，频繁地在多多笔下出现了，如果结合多多的创作史来看，这是不同寻常的，对骄傲的诗人来说，它有时意味着巨大的危险与挑战。对这一变化，我们不必猜测诗人生活史的变化，它或许只是一个诗歌写作转变的表征。

我爱动情的房屋邀请我们躺下做它的顶
我爱侧卧，为一条直线留下投影
为一个丰满的身体留下一串小村庄
我要让离你的唇最近的那颗痣
知道，这就是我的诺言
……
我爱我睡去时，枕上全是李子
醒来时，李子回到枝头
我爱整夜波涛吸引前甲板
我爱喊：你会归来
我爱如此折磨港口，折磨词语
……
我就更爱我们仍是一对鱼雷
等待谁把我们再次发射出去
我爱在大海深处与你汇合，你
是我的，只是我的，我
还是爱这么说，这么唱我的诺言——

——《诺言》

一个心境平静的诗人形象，在诗人的诗作中潜在地出现了，它提示着一种看待世界的新的态度、新的情绪，多多投向世界的不再是对抗性的愤怒和诅咒的眼神，而这在多多此前的创作中是常见的。在海南，多多开始和世界有了更多的和解、体谅，或许，“爱”，也应该更宽泛地从这种意义上来理解。

我爱她们在街上横行的臀部
我爱男人，爱和他们一样

我不需要更多的
我笑时，整座城市落叶纷纷
这并不渴望结束
整夜月光哪此激动
我没有敲门已惊动四邻
我早已是一种死亡

——《我爱女人》

死亡作为一种音乐性的对位，与戏剧性的平衡因素，既提示了多多固有的诗歌主题，也显示了它的变奏形式，死亡业已换掉了阴郁的黑衣。

苹果树下坐着成双的读书人
软化我对生活的看法

恋人的手插在彼此的口袋里
沙沙作响的树叶

让我的目光变得柔和了
相爱，直到衰老
一片金色的麦田望着我
童年，从不成长

一个白发儿从未成年
我的双眼只能是两个瞎子

同时流出眼泪……

——《一个古老的礼拜天》

以上的描述当然非常不令人满意，它所遗落的部分很大程度上要有读者参照其他专门论述多多诗歌艺术的研究成果来补足。不过，大体上我们也能约略看出，多多在历史与个人生活发生巨大转折的各个时期，如何顽强地保持着自己一贯的诗歌性格，并不断地融入新质，他依托强大的内心力量，如何与他意识到的外在规约力量（意识形态与诗歌潮流）默默地角力，并进行着孤独的诗艺探索。在这一意义上，多多的确显示了某种英雄性格。对这种诗歌追求的分析与历史评价，是当代诗歌史研究有待展开的内容。对此，本文只能算作一个初步的提示。

心灵向上，目光向下

——李少君诗歌论

从数量上来说，李少君的诗作并不算太多。但这不是衡量一个诗人的价值尺度，尽管数量并非无关紧要。他的创作量不大，很大程度上是由一种谨慎的写作态度所致。深厚的诗歌理论批评素养，以及当代诗歌的宽阔阅读视野，形成了一种良好的诗歌品位和教养（尽管不是贵族化的），自然使他在诗歌判断上有一种近乎严苛的内在标准和尺度，以及以它来评判一切诗歌（不管是他人的还是自己的）的自觉意识和专业习惯，这种内化的审查机制先验地取消了很多诗的降生资格。他也不是一位过分依赖灵感的诗人，因而他的诗作水平也比较稳定。通过他有限的诗作的总体质量，我们可以感受到这一点。

李少君的诗歌写作开始于 1985 年刚入大学的青春时期，这种创作热情持续到 1994 年左右。他深度地参与、见证了第三代诗歌运动的兴起与消失，也目睹了一个近乎辉煌的诗歌时代走向终结的过程，这既给他的诗作打下了这一时期诗歌精神的某些痕迹，也最终耗尽了他的“青春写作”的激情。[1]此后，他更充分地发展了青春时期的理论兴趣和能力，渐渐成长为引人注目的当代诗歌批评家。一个诗人似乎消失了。但是大概从2005年开始，他又重新开始了诗歌写作，并显示了不同于早期的风格变化。李少君又重新成为一个诗人，近两年来时有佳作，也显示了良好的写作状态。其独特的诗歌品质和风格化印迹，也逐渐受到诗界的注意。

在诗歌创作的早期，即1994年以前，李少君的诗已经流露出一种对生活进行反思的思辨气质，一种与当时的年纪不相称的“中年气息”，同时，也形成了舒缓、平稳、淡泊并略带反讽的语言风格：

年轻的时候我们过于认真
长大了又不近情理
因此近乎严谨的生活
失去了任何具体的欢乐
……
所以我总是精打细算
学会了对一切都不再惊奇
因此也就错过了
很多意外的喜悦
和可能的幸福

——《可能的……》

以后的日子

① 这可以从李少君1989年写的长文《第三代人诗歌运动述评》看出来。有意思的是，在文中他用了“第三代人诗歌运动”概念，而没有沿用通行的“第三代诗歌运动”的说法，可见，他更强调这一诗歌运动与一代人的生存经验之间的相关性，应该说，他是感受到了与这一诗歌运动的深刻的内在联系。而对很多诗人来说，尽管在时间上经历了这一运动，却未能构成内在生命的联系，而只是一种外在的关联。从诗歌精神和技巧资源上，他得益于这场运动很多，并在批判与反思的基础上延续了它的革命性成果，例如对日常经验的发掘和平易的表达方式等。

你再来看我
那时我已对一切都毫不惊奇
懂得了克制
懂得了珍惜生命时间
和爱

——《以后的日子》

耿占春曾这样评价李少君的诗："李少君的诗总是带有思辨语调，当然这首先是因为李少君还是一个批评家，……在李少君这里，诗歌似乎是一种内心独白和自我说服的声音。他很少使用形象和比喻，……他的诗歌涉及这样一些经验的表达；自我、社会和历史，充满了断裂、转向和非连续性。……"[①] 这或许可以描述李少君诗歌面向的某种总体特征，但我认为还需要对此进一步展开和补充，才能真正把握住他的独特性。在我看来，李少君不可重复的独特性在于：把生活的另一种可能性，或生活的不可能性当成直接的现实性来体验和想象，并以此来揭穿、瓦解生活的惯常逻辑和规则。或许，在他看来，正是生活反面的生活——它类似于物理学中被称作暗物质的物质——才是真实的，正因其是不可能的，才使它比真实的生活更真实，因为现实的生活已经被种种宏大或细小的意识形态所磨损、所重新改造而丧失了活力，已经彻底硬化、失去弹性了。

只有那些从人群中消失了的人
才是我最怀念的人
他们匆匆离去的背影
在我脑海里留下最深刻的印象

① 耿占春：《诗歌：给幻想加冕》，《海南日报》2004 年 8 月 15 日。

他们曾和我一起哭、一起笑
转眼却已天涯海角
还带走了那些放纵的欢乐与痛苦

只有那些突然失踪的人
才是我最牵挂的人
他们总是在意想不到的时候
干出意想不到之举
让你疯狂或兴奋
而那些活着的人
在你身边转来转去
让你心烦意乱
只有那些已经走出了我们世界的人
才是我最害怕的人
他们常常不请自来
在黑暗中凝视着你
让你不得安宁
你若有不善之举
他们会用最明亮的眼睛紧盯着你

只有那些死去了的人
才是我最亲爱的人
和别人总是萍水相逢
只有和他们
我们最终会走到一起

——《那些消失了的人》

李少君洞穿生活进入了生活的反面，通过从另一个方向看，重新构造了生活世界。这是李少君不同寻常之处，放在 1985–1994 年这一历史时期，更是如此。这不同于一般的第三代诗歌有时表现出的过于贴近生活的写作姿态，往往导致不能和生活的粗糙性拉开必要距离，甚至因此而走向了和现实生活逻辑的和解，这种写作的缺陷自不待言。当然，李少君的诗也不同于那种一开始就飘浮在现实生活上空的乌托邦的写作方向，显然李少君不认可这种写作姿态，由于它在一开始就与生活分道扬镳，事实上并没有触动坚硬的生活法则，它只是以优雅的姿势，怯懦地逃避了自己的责任而已。正因如此，我们才能理解李少君曾表达过的对虚假的“麦子”之类宏大神话写作的不信任，和对夸张的抒情方式的反感，以及对那种刻意扭曲日常经验，使之极端化、反常化，并最终面目全非的晦涩诗风的不以为然。

李少君的诗中出现的都是可能的、别处的生活，于是他的诗题才会习惯采用《可能是……》《以后的日子》之类的表达，诗中的人物也是那种站在生活边缘、心猿意马的眺望者形象：

我没有登上山冈眺望的经验
却一直在费力地望过去
踮起脚，我从一大片涌动的人头中望过去
也望不见你
……
如今我戴着鸭舌帽
伸长脖子在望你
……

——《世纪风》

鸭舌帽的滑稽形象，伸长脖子的并不优雅的姿势或许正是当下生活的写照?

《剪影》《夜》等带有散文诗形式的诗也呈现了孤独的漫游者形象。《夜》是一篇以散文诗形式写成的可能比诗还要浓烈的诗，它改写了社会语义中夜的形象——它象征了比白天所代表的现实生活更真实的生活，在李少君的新的目光中，夜呈现了生活背里的真相，和它迷人的性质：

> 深夜，我向黑暗中走去，如鱼得水，不必理会呵斥的人群，不必担心交通规则。我跨过年代、岁月和历史的丛林地，我向更黑的林子里走去，那里只有我一个人，去赶赴和夜的约会

李少君的此类诗作经常使用悖论、反讽等写作技巧，某种意义上这是他所体验到的现代生活的本质所规定的。他也用它有效地破坏了生活表面看起来的统一性和连续性，而统一性和连续性也可以理解为生活的僵硬性。表面的僵硬与实际上的破碎，构成了现代生活或现代经验的矛盾性的两面。

但李少君重建生活完整性的努力与确信清晰可见，虽然这一点在早期还不是很自觉。于是，才有了《中国的月》《中国的秋》《中国的爱情》《中国的时空》一组有着内在关联的作品，他试图重建中国人的生活世界，那种日常性和精神超越性协调统一的世界，并暗中以此来对抗或纠正僵硬而破碎的，也丧失内在性的现代生活。这些诗作对“中国性”的特意强调，显然和他后来对全球化、现代性的反思和对“中国文艺复兴”的倡导一脉相承。

总的来说，李少君 1994 年以前的诗作，对现代生活经验有着独特的发现与揭示，他不露声色的时代敏感，如果放在当时的时代

语境中，显得有些不同寻常。这导致了他和主流诗风之间的深刻的内在差异。但李少君此一时期的创作数量不大，境界也略显狭小，对生活经验的书写有时也失之平面化，往往还缺乏直达读者灵魂的尖锐性与穿透性力量。这些问题都在李少君下一个创作时期得到了有效地纠正。或许 1994 年以后近十年的诗歌写作的停顿与此有关，用了十年，李少君对于自己早期的创作进行了历史的清理，2005 年以后作为一个诗人归来的李少君已经脱胎换骨。十年的停顿其实是更为内在的生长。

2005 年以后，李少君的诗作显示了方向与风格上的巨大变化。诗中去除了早期那种旁观者的故作清醒和疏离生活的姿态，显现了深入生活、承担命运的人生责任感，具有了更多庄重的人间情感。他依然注重日常生活细节的书写，却增加了经典现实主义的精细感，也强化了诗意的升华能力。总的来说，复出的李少君给人以“境界始大”的全新感觉。诗风依旧自然、从容而平淡，却深含着悲悯与欣喜，在李少君的诗中，对生命、大地、历史有了更深的同情，对生命的渺小与伟大，有了更深刻的领悟。

三五间小木屋
泼溅出一两点灯火
我小如一只蚂蚁
今夜，滞留在呼伦贝尔大草原中央
的一个无名小站
独自承受凛冽孤独但内心安宁

背后，站着猛虎般严酷的初冬寒夜
再背后，横着一条清晰而空旷的马路
再背后，是缓缓流淌的额尔古纳河

在黑暗中它亮如一道白光
再背后，是一望无际的简洁的白桦林
和枯寂明净的苍茫荒野
再背后，是低空静静闪烁的星星
和蓝绒绒的温柔的夜幕

再背后，是神居住的广大的北方

——《神降临的小站》

对于这首《神降临的小站》，不必多做阐释，却可以引发出无尽的阐释。可能有人会联想起西川的名作《在哈尔盖仰望星空》，其实二者除了个别字眼，有着太多根本上的差异。它的视角是奇特的，仿佛一架迅速拉升的摄影机镜头，从近景拉成无限广阔的夜空，让人感到生存的渺小，又让人感到天地人神四维世界中的心灵安宁与温暖，北方的寒冷是有神意看护的，严酷的初冬寒夜，滞留无名小站的孤独，因为意识到与天地人神的共在而被化解了。

各种细小的生命形式越来越多地进入了他的诗中，蜜蜂（《春》）、蜘蛛（《仲夏》）等，这是早期所不曾有的：

雨后，大队蚂蚁出来觅食
它们倾巢而出，早已饥不可耐
仓库里储存的粮食已经所剩无几
它们成群结队，密密麻麻，又黑又亮
占领了草地、小路和泥坑
它们雄赳赳气昂昂，跋山涉水，远近搜索
路上忙碌着一长列络绎不绝的蚂蚁大军

而人的辛苦是另外一种
在长椅上坐久了，需要再添一件外衣
林中风仍很大，皮肤有一点点凉
水汽和雾气还在树丛间氤氲缭绕
人呆得长发都披散开来，眼神也恍恍惚惚了
在若有若无的怀想里
数着树上到底结了几颗椰子
……

——《雨后》

李少君开始写作较为单纯的即景诗，如《石梅小镇》《雪国》《下九华山》等，在其中，我们能够获得真切的现场感，感受到生命的欣悦，它唤醒了我们对于中国古典诗歌传统的美学记忆。但这种美好意境往往被突如其来的现代生活所击碎，提示这种短暂的沉醉只是一个梦境。

……
这里的静寂静寂到能听见蟋蟀在风中的颤音
这里的汽车像马车一样稀少
但山坡和田野之间的平缓地带
也曾有过惨烈的历史时刻
那天清晨青草被斩首，树木被割头
惊愕的上午，持续多年的惯常平静因此打破
浓烈呛人的植物死亡气味经久不散
……

——《某苏南小镇》

绿色田野上间或点缀
两三块金黄的油菜花地
一幅大色块的油画
一床大面积的锦毯
山区的美丽仿佛非人间

但汽车一驶入城郊世俗烟火渐浓
车窗外不断闪过站立的树的队列
不断闪过错综交叉的电线杆
还闪过破败的村庄，以及
一个站在桥上检查自己突然熄火的
拖拉机的中年农民
还有，那些运载猪和牛的货车
不断被我们抛在后面
那些难闻的气味总是要笼罩很久才会消散
路上的乌鸦和我们的心情都阴郁着
……

——《下九华山》

相对于其创作早期，李少君对诗意的理解和对诗的本质的理解发生了变化，如果非得从哲学背景上强行加以定位，我们不妨说，他从后现代的哲学立场后撤，返回到一种融合了现代生存论哲学的中国古典世界观和美学观。因而，他的诗完全没有了此前或二十世纪八十年代诗歌的狂妄或强烈的主体性意识，也减弱了九十年代诗的对日常生活经验的辨析，和其对复杂性的强调，也远离了各种历史焦虑感和失败感。李少君的诗变得谦逊而单纯，目光宽容而柔和地关注日常场景和世间万物，却又不时流露对崇高的神秘的敬畏。这正是我称之为心灵向上，目光向下的诗歌方向。我认为，这才是真正的“中年写作”（和二十世纪九十年代以来某些诗歌批评提到了“中年写作”无关）。

夜雾中，前方高处浮起一个灯火辉煌的物体
我们仰头看了很久，才明白那是光明顶
但另一处被我们误认为是寺庙的所在
原来是一团半月，在雾海里若隐若现

我们在山上的小茶馆里喝茶、聊天、听黄梅戏
另一群人则在宾馆里饮酒、打牌、讲黄段子
在这非人间的世外桃源似的佛山上
商店、发廊与喧哗、叫卖一应俱全

但半夜我们走过大悲寺时
抬头看见山顶有灯，一盏、两盏、三盏……
佛法如灯，一灯可燃千灯明
那一瞬间，我们全都驻足，屏气息声
每个人心中的那盏灯也被依次点燃

——《佛山》

一条大河
是由河流与村庄组成的

一个村庄
是一条大河最小的一个口岸
河流流到这里

要弯一下，短暂地停留
并生产出一些故事

杏花村、桃花村、榆树村
李家庄、张家庄、肖家庄
牛头村、马背村、鸡冠村
又在河边延伸出
一个个码头、酒楼与小店
铺酝酿着不一样的掌故、趣闻与个性
然后，
由大河，把这些都带到了远方
并在远方，以及更远方
传散开来

——《河流与村庄》

李少君一贯反对晦涩，但不反对追求复杂的意蕴，他很好地在自己诗中贯彻了这一诗学主张。他的诗基本上都是有篇无句，也不使用复杂的诗歌修辞。李少君还有意地尝试了一种散文诗体的写作，这也是延续了前期散文诗式的形式，但近年来的散文诗写作却更平淡，更像是散文，它抽去了那些形式上具有“诗意”、抒情性的表达，包括意境、氛围、修辞、语式等。从外在形式上看，它们已经是平淡的散文形式了。如《春日三幅》《那些狗的命运》等。这些作品更具有生活细节的真切性。显然，李少君在有意识地尝试诗的另一种写法，也有意追求一种反诗意的平淡效果。比如《那些狗的命运》，与雷平阳的那首颇具影响的诗作《杀狗的过程》不同，它没有那么尖锐，却强烈地呈现了日常的悲剧性，让我们看到那些丧失野性的狗在现代社会的规训机制面前的无力，这正是人类的命运的隐喻。不难看出，这和李少君的诗歌“草根性”

的相关主张是有联系的。

李少君的诗显示了与不可重复的个人经验相联系的原创性，但我们却也不难从其诗作中发现诗歌史的互文影响。但这是潜在的，不构成整体表达的有机部分，读者不知道这些文学资源也没关系，绝不构成理解的前提与障碍，这不同于某些人故意的炫耀式用典。可以说，李少君是在文学史的传承中写作的。这是作为诗歌研究者和诗歌批评家不易摆脱的负担。

李少君的诗，在我看来，正在有意地逼近一种具有现代精神的古典气质。相对于他的早期创作，甚至相对于二十世纪九十年代的诗风而言，这都是一种值得注意的诗歌方向。李少君是较早从事这种诗歌实践的诗人，结合他的理论批评文字，我们可以更清晰地看到，他是自觉地在探索这一诗歌方向，尽管在艺术上或许他还没有来得及做得更完美。近年来李少君一再提起文艺复兴先复兴诗歌的观点，极其看重诗（中国古典诗歌意义上的诗）在全球化时代重建中国人生活世界的意义，不仅是对当代人类生存危机的美学反抗，他有更大的美学雄心和文化抱负。他一再在诗论中提到对中国唐诗的心仪。显然，在他看来，那才是中国当代诗歌的最高目标，这当然不是指美学风格与技巧上的成功，它不是一种美学的评价。唐诗的伟大在于它真正写出了，同时塑造、再造了中国人的心灵世界，建立了中国人的整个生活世界。而“五四”以来的诗歌，更不要说当代诗歌，和中国人的生活世界是脱离的，更谈不上再造中国人的生活世界了。它自然也不能提供准宗教的文化意义。事实上，这也正是李少君对“五四”以来的新诗加以严厉批评的原因。

所以，李少君的诗，值得我们关注并期待。不但是因其对当代经验的独特书写，还在于他的诗对新的诗歌方向的开创和引领具有重要意义，尽管我们还有理由要求他做得更出色，并期待更多的人加入这样的艺术实践。当下正是李少君创作热情和状态极好的阶段，我们更有理由期待他佳作频出。

第三辑

记忆与变迁：红色娘子军与当代女性的政治策略

提起海南，自然勾连起关于红色娘子军[①]的历史记忆，耳畔又仿佛响起熟悉的旋律："向前进，向前进，战士的责任重，妇女的冤仇深……"红色娘子军是中国女性与中国历史的一份独特的遗产。作为一个象征，它穿越历史，在今日仍依稀传达着丰富的启示。

时光流逝，沧桑巨变，当年红色娘子军血染战裙的海南已变成市场经济时代的中国后花园，红色娘子军那段英雄的、光辉的事迹永远被历史铭记。如果说海南的历史联系着红色娘子军的形象，今日的海南则联系着三亚选美的女性形象，它展示着本质化的女性形体与女性气质，吸引着全球目光。以三亚为代表的海南已成为普遍同质的全球化背景中的一个消费度假胜地，所谓椰风海韵、独特的民俗风情，已使它在"大陆人"的眼中充分女性化；在西

① "红色娘子军"缘于谢晋导演的电影《红色娘子军》得名，其以广泛的社会影响，遂成为一个通用的称呼。历史上的"红色娘子军"真实番号为"中国工农红军第二独立师第三团女子军特务连"，归中共琼崖特委领导。由于"红色娘子军"这个称谓约定俗成且简洁生动，本文中仍然沿用。

方人的眼中，它更是女性化的东方第三世界的象征。

作为海南最重要的红色旅游资源，红色娘子军的消费性被开掘出来，它成为走马观花的消费性目光抽空的符号，也以其复杂、坚硬的含义向当代弥散出别样的意义。“红色娘子军”与今日的海南形象形成了内在的紧张。

从历史上看，海南女性是中国受性别压迫最深重的群体之一，或许，这也正是海南女性强烈的革命性的某种起源——另一个重要起源是阶级压迫，但它往往以性别压迫的形式呈现出来。从现实的角度看，相较于内地，本土海南女性无疑仍处在较为不平等的性别权力秩序中。那么，当年红色娘子军的奋斗又给后世的海南女性乃至内地的女性留下什么遗产？意味着什么？在历史上又留下了什么痕迹？

毫无疑问，在阶级压迫与性别压迫深重的二十世纪三十年代，海南女性以鲜血和生命争得了自己基本的做“人”的权利，把握了自己的命运，虽然是暂时的、有限度的。在某种程度上，她们没有甘于接受千年来男性秩序派定给她们的社会地位，也拒绝了父权制文化赋予她们的女性气质（忍耐、承受、柔弱等）。她们向加诸身上的压迫发起了强悍的攻击。相对于其他地域的中国女性，海南女性显示了血性和无所畏惧的反抗精神，她们没有消极等待——等待命运的转折，等待男性解放者的解救，而是直接介入了争取自我命运的战斗。所以，如果说，一直以来，中国女性的解放被很多人认为是由新的政治秩序所恩赐的，那么海南女性可以毫无愧色地以自己的历史否认这一点，因为她们从来都是解放自我进程中的一部分，尽管不是全部。

但这只是一个方面。

另一方面，海南女性的革命斗争也潜藏着巨大的缺陷。这是一场不自觉、不彻底的斗争，在慷慨激昂背后隐伏着先天的软弱。

它只是一场无性别的一般意义上的政治革命的组成部分，虽然有性别压迫的起源，红色娘子军的战斗却未成为具有某种深刻性别政治意义上的革命，她们所反抗的只是压迫得不可承受的形态，而并不反抗包括性别压迫在内的权力秩序本身。

所以，毫不奇怪，当 1932 年娘子军连解散后，娘子军战士们又坦然地接受了旧有的性别秩序，她们所显示的“传统妇道”以及对不平等的性别秩序的遵从，与她们参加娘子军的反抗精神形成了巨大的反差。原娘子军二连二排长王运梅解甲归田后重又回到旧有的生活轨道，当得知丈夫已下南洋后，她带着婆婆回到娘家，搭起草棚，苦等丈夫归来。多年后，丈夫终于来信，却说自己已再婚，并育有五子女。面对丈夫的“全家福”，她在床上躺了整整三天，后来也没有再嫁，并且把丈夫的“全家福”挂在床头，仍称其为“老公”。二连指导员庞学莲再嫁给一位牙医，新婚后不久，她被捕入狱，出狱后发现丈夫已再婚，并育有一女。对此，庞学莲默默承受了，甘愿接受“小老婆”的地位，任劳任怨，操持家务，下地干活。[①]

事实上，海南女性只是以一种更具戏剧性的方式呈现了中国女性的当代命运。

战争时期，中国广大妇女都参与解放斗争，她们的力量不可或缺，虽然未必采取海南女性那样直接参与前线战斗的方式。但显然，她们在这场民族国家的革命中并没有意识到自己作为一个特殊集团的利益，以及这一利益与具有父权制性质的民族国家的内在冲突。她们显然也没有意识到“解放”的过程很可能是另一压抑机制的开始，尽管可能会是一种缓和的形式。1949 年以后中国女性的“花木兰情境”使她们在获得种种平等权利的同时，也承受了“平

① 有关事迹见《寻找红色娘子军》，《百姓之家》1997 年第 5 期；黄培岳：《“红色娘子军”幸存者的遭遇》，《贵州文史天地》2000 年第 2 期。

等”的代价[①]。作为一个特定的群体，它没有把握住中华人民共和国成立初期的历史契机，在较高的起点上发展出成熟的政治意识，以进一步争取乃至巩固已获得的权利。相反，她们只是习惯性地接受了保护性的、优待性的制度安排，心安理得地退缩回私人领域，放弃了公共参与的机会甚至意愿。这导致了她们政治能力的萎缩。所以，有研究表明当二十世纪八十年代末期以后，中国进入市场社会，对女性的保护性政策实质性地减弱之后，女性的整体社会地位历史性地下降了。[②]

另外，中国女性放弃了文化的表述权，在文化主导权或意识形态的斗争中没有表现出积极性，虽然当代文化的现实施加了种种体制性的限制，但她们没有自觉地表达的意识，也没有显示这种表述的意愿与能力确是事实。作为一场文化革命的社会主义，却没能在其内部成长起同样具有革命性的女性的话语，这的确是一个深刻的文化问题。文化权利的丧失为她们日后在现实中的权利的丧失准备了条件。文化政治与现实政治互为表里。

于是，在全方位丧失文化表述权利和能力的背景中，女性也丧失了对自身历史与记忆的表达与阐释能力。红色娘子军自然也成为父权制秩序阐释并传达其意识形态的题材。家喻户晓的电影《红色娘子军》（包括谢晋的故事片和样板戏的芭蕾舞剧电影版本）清晰地传达着男性化的民族国家的意识形态，旧社会的阶级压迫被凸显为唯一的女性枷锁，影片中的性别压迫形式上仍然存在（符红莲的木头人丈夫），却不过是阶级压迫的隐喻形式。所以，性别的因素被取消了，红色娘子军只是和男性战士一样的无差别的无产阶级战士。电影的主题曲再清楚不过地表明了这层意思：“古

① 相关内容参见戴锦华的有关论述。戴锦华：《涉渡之舟——新时期中国女性写作与女性文化》，陕西人民教育出版社，2002；《雾中风景——中国电影文化 1978-1998》，北京大学出版社，2000。

② 李银河通过大量数据表明，在参政议政、就业等诸方面，社会主义国家中国以及苏联、东欧等前社会主义国家和地区的女性在时代转折之后，都面临着社会地位下降的问题。李银河：《两性关系》，华东师范大学出版社，2005。

有花木兰替父去从军，今有娘子军扛枪为人民。……共产主义真，党是领路人。奴隶得翻身，奴隶得翻身。”

当然，在阶级叙事的背后，电影也暗中借助了男性化的性别话语。比如，洪常青的形象及其中心地位（事实上，女子军特务连从来没有男性指导员，其指导员是女性的王时香），同时还特意强调了符红莲与红军战士的（也具有战友性质的）美好婚姻，这既是对传统价值的肯定，又是对民族国家战争内部两性利益一致性的声明。同样，娘子军的意义被加以重新阐释并扭曲的过程，也是她们现实的政治权利可能受到损害的预示。①

中国女性现有的社会地位和享有的各种政治权利只是历史遗产的延续（在世界范围内中国女性的社会处境仍然处在较高水平）。虽然在社会的流俗观念中，中国女性似乎已享受了“过高”的社会地位（“妻管严”之类的说法），但总体而言，她们仍然是一个社会弱势群体。由于阶级的分化，不平等的社会分配机制，女性的问题呈现出较为复杂的面相。这种新的历史情境要求当代的中国女性（尤其是中下层女性）发展出一种崭新的政治意识，形成一种新的政治策略。

正是在这个意义上，红色娘子军，作为一份巨大的遗产，也作为深刻的教训，值得当下的中国女性反思，其中无疑包含着复杂的启示。这里，我试图借助“红色娘子军”提出关于中国女性的具有普遍意义的话题。当然，作为一位男性，我只是以同情的态度，在弱势群体捍卫自我权益的总体格局中，探讨其意义与教训，并尝试性地提出一种中国当代女性政治的议程和相关策略。

二十世纪九十年代以后，中国女性面临着各种新的挑战，最

① 这一状况在当下仍在延续，且更为恶化了。如果说电影和样板戏还更多地保留有女性抗争性的革命性内容，2005 年播映的同名电视剧则完全将红色娘子军处理成了欲望化的客体，在电视剧《红色娘子军》的宣传片花上标有这样的句子：“穷苦人和南霸天的血海深仇，吴琼花和洪常青的烽火恋情，战地姐妹花的别样青春。”

突出的问题表现为在不平等的分配体制中，广大中下层女性生存状况的恶化。作为一个弱势群体，阶级压迫与性别权力又紧紧扣合在一起。下岗女工、血泪工厂的打工妹等人群以极端的方式一再提示着这一严峻现实。如果说，二十世纪八十年代以来中国女性主义运动所追求的主要是女性的独立的主体性（这也是一个具有浓重的启蒙主义色彩的命题），那么，在新的时代语境下，这一诉求可能已经不再是当下的时代命题，虽然它仍然有重要意义。当下，二十世纪八十年代以来的想象中的女性共同体已经被阶级鸿沟的无情现实所分裂，不同阶级的女性也难以再形成虚假的认同感。事实上，社会的上层女性已经成为压抑性的男性性别秩序的一个内在构成部分，借助于社会地位、金钱等资源优势，她们已成功地将自己在不平等的性别秩序中所受到的压迫部分地转移给下层女性。这有点类似于第一世界的工人阶级在中产阶级化之后对第三世界工人阶级的间接剥削。在女性群体的内部，上层与中下层之间利益的共同点可能相对变小了，而广大中下层女性与其他社会弱势群体反而拥有了更多共同政治利益。于是，红色娘子军为阶级处境而战又具有了崭新的意义。如何在追求公平、平等的社会秩序的同时坚持女性性别政治的议题？如何理解二者之间的内在统一性与矛盾？这是一个问题。

目前情形下，无视社会政治、经济不平等的总体社会秩序，不联系这一处境中的广大中下层女性的具体生存现实，并且把她们作为当前社会秩序下的一个社会弱势群体来看待，仍坚持单纯的、观念性的女性主义议题是没有意义的。

在当前特定的社会情势下，跨越性别进行阶级联合的可能性及策略问题，就是必须正视的，这一点也超越了当前主流的中国女性主义者的视野。产生下岗女工、“包身工”打工妹和各种形式的性奴役（卖淫，事实上的一夫多妻制“包二奶”等）在本质上首先不是性别压迫，而是阶级压迫。在就业、社会地位等诸方面所遭受到的歧视性对待，也使女性作为一个社会群体与其他弱势群体具有高度相似性。那些看似单纯的性暴力（社会的、家庭的暴力），也往往有着现实的社会背景。

当然，和其他弱势群体的联合是有限度的，近年来一再出现的其他弱势男性对女性的暴力伤害一再提示这一点。但是，这种性侵犯也往往和生存状况、阶级问题有关联或深层联系，如家庭经济状况恶化，生存压力的增大，性资源在阶级上的分配不平等，还包括下层男性对上层社会女性的象征性的报复。横向联合，当然不是说要把性别问题还原为阶级或社会问题，事实上，二者之间永远都不会重合。也就是说，即使社会问题化解了，性别之间的不平等仍将存在。但在目前情势下，完全无视共同面对的不平等的权力秩序，只坚持狭隘的性别利益，是难有出路的。

自二十世纪八十年代以来，中国女性主义运动一直局限在学院中和社会中上层，具有某种精英化气质和理论化色彩，某些时候，女性主义甚至成为新的女性贵族的身份标志。缺乏实践性品格一直是它的一个内在问题。当然，学院派也很重要，女性主义在美学、文化研究等人文、艺术领域的成就有目共睹。不过，虽说理论阐释也是一种行动，但毕竟不是直接的行动，或不能取代行动。尽管中国几位优秀的女性主义学者都不同程度地具有关注底层的倾向，也在社会实践领域做出了可贵的尝试。[①] 但总的说来，中国的女性主义运动是软弱的，缺乏广泛的社会参与，这和中国女性主义学院式的话语风格以及精英化、理论化的气质不能说没有关系。大体而言，中国女性主义没有在新的时代条件下，成长为对不平等的社会秩序的强烈抗议力量，也没有强有力地融入全球性的对

① 比如文化研究及电影理论等领域的戴锦华、社会学领域的李小江及李银河等人，她们也有意愿，而且某些人也做了很多实际的工作。但她们的力量是有限的，而且她们的这一面是被忽略的，甚至是被刻意遮蔽的。

资本主义、市场主义等破坏性力量的反抗潮流中，从而成为当代左翼思想的一部分。

这似乎就带出了一个中国女性主义运动的国际视野问题，它似乎是一个较高的要求与理想化的境界。但其实并非如此，中国的女性为改善生存状况的斗争不可避免地会成为反抗全球性的不平等秩序的一部分，这是中国在当前国际性的权力秩序中的位置和意义所决定的（中国已经是全球资本主义体系的边缘或外围）。近年来，中西方的女性主义者对民族主义颇多贬抑，伍尔夫的名言一再被提起："作为一个女人，我没有国家。作为一个女人，我不想要任何国家。作为一个女人，我的国家就是整个世界。"[①] 但女性与民族国家的关系在当代世界却并不是如此简单，在当代世界体系内，第三世界的所谓民族主义往往具有反体系的革命性，所谓的民族主义对当代世界的权力体系的反抗，和女性的命运有内在的一致性，尽管有冲突。因为，从某种意义上说，当代全球性的权力秩序正是一种男权体制的国际形式。

另外，在借助西方女性主义资源的时候，中国的女性主义者也要警惕其超越民族的普适性的陷阱。在全球世界的权力体系中，西方的女性主义部分地已经中产阶级化，所以它关心的话题往往对第三世界不具有效性，如果国内的女性主义不对此加以提防（学院派尤其要小心），就有可能使之成为一个遮蔽性的意识形态。当然，就女性个体而言，国内的上层女性和第一世界的女性有可能分享某些共同话语和关注点。但以此作为第三世界女性的共同议程则是危险的。

总之，当前的历史处境要求着中国的女性主义应有新的对策。

戴锦华有一段话令我印象深刻："伴随着中国对全球化进程

① 伍尔夫：《三个基尼金币》，转引自陈顺馨、戴锦华选编《妇女、民族与女性主义》，中央编译出版社，2004，第1页。

越来越深的介入，中国社会所面临的阶级分化、地区发展不平衡状态的加剧、剩余劳动力问题的凸现，我们依照昔日现实所选取的女性主义资源，便不仅无力面对新的社会现实与女性问题，而且间或由于它先在的盲区而不期然加盟于新的压抑与遮蔽机制。同样作为一个新的挑战，便是包括女性主义在内的诸多批判性的思想资源与实践脉络，在全球化的权力格局中，尝试成为一种另类全球化的努力；但也同样必须警惕其作为'后冷战'时代继续延伸的冷战式的国际政治介入中国现实的切口。并存的现实挑战还在于，勃兴的大众文化工业，不时以其极为健硕的胃口，吞咽、消化包括女性主义在内的批判性社会力量，将其演化为某种无害的文化时尚与时髦点缀。"[①] 这段话显示着她对中国女性主义运动的复杂处境和现实策略的清醒和睿智的判断，这正是中国女性需要的政治智慧。

① 戴锦华：《两难之间或突围可能？》，载陈顺馨、戴锦华编《妇女、民族与女性主义》，中央编译出版社，2004。

自由率性、多元一体的海南文学

——近年海南作家群概览

作为地处南方之南、孤悬海上的岛屿省份，海南自古以来就形成了圆融、开放的文化性格，它善于吸纳、综合。对外，它表现出谦逊姿态；对内，它显示出巨大的文化包容性。它不但与内地主流文化以及其子系统形成了深刻关联，也与东南亚的所谓“南洋文化”形成了持续的互动。海南是个移民岛，尤其是现代以来，随着大规模的人口流动，更是加剧了文化的多元化与混杂性，尽管这一过程不可避免地伴随着文化的冲击，造成了海南文化内部异质成分之间的张力，但是最终，海南以其固有的开放性气质和某种岛民的特有的固执性格，不断地生成着一种变通、融合、互补的海南性格和文化生态。它包容、开放、多样化，崇尚自由、本色与率性。

由于受社会总体发展水平的限制，海南近代以来至二十世纪八十年代基本上没有产生具有全国影响的重要作家，总体创作水平也很低，也因此未能形成某种本土的文学史传统和作家之间的代际传承，这固然有其消极影响，但也为后来的文学繁荣准备了某些有利条件。比如，为不同文化背景下的移民作家的平等竞争提供了舞台；在文学场域中，来自本土文学的阻力较小，甚至基本不存在，于是，移民作家轻易取得了文学的主导权，但在移民作家内部，却存在着不同文学风格、流派的竞争。同时，这种自由竞争的文学格局也有效地激发了本土文学的成长，在一种持续的对话和互动关系中，移民文学与本土文学都发生了改变，从而共同熔铸了一种新型的海南文学。这种状况恐怕是其他省份很难出现的。

在海南当代史上，发生过几次重要的移民潮——尤其是 1988 年建省办经济特区吸引“十万人才下海南”。对于本土人口偏少的海南，这在很大程度上改变了作家的构成，甚至改变了海南读者的主流阅读预期。总体上看，海南文学没有表现出特别鲜明的地域文化色彩，而是呈现出书写内容、生活观念和艺术风格的多样化特征，这和重要作家多为移民作家有关，虽然很多移民作家关注着海南现实生活，但也有一些作家仍然依托原来的文化背景和生活经历进行写作。不管怎样，对于移民作家来说，都不同程度地表现出对海南本土文化的某种疏离状态。但是，在内在精神理念上，却表现出受海南生活和文化的深刻影响。而随着本土作家的成长与成熟，通过对本土生活方式、文化资源的深入发掘，本土作家越来越显示出文学写作方面的优势。这在某种意义上与来自移民作家的激励和压力有关，也与海南不断发展之后新的本土文化的自觉有关。

一、多元文化背景交融的移民写作

移民作家中，不同的文化背景导致了不同的文学风格，比如湖南作家韩少功、蒋子丹显示了神奇的想象力，以及对语言形式的敏感和某种浪漫的文学气质，而陕西作家杜光辉、张浩文等则显得更为朴拙，更注重厚重的生活本身的质感。这些移民作家有些人并不以海南为直接的、主要的创作背景。比如，韩少功在移居海南之后创作的《暗示》《马桥词典》《山南水北》及具有广泛影响的中短篇小说仍然以湖南生活的经验为中心。蒋子丹二十世纪九十年代的小说更多具有女性主义气质和先锋色彩，具有某种抽象化的诗化风格，2000年以来的创作虽然较为贴近现实，背景却颇为宽泛和虚化，她更为关心那些一般化的人类生存命题，包括反思人类中心主义的《一只蚂蚁领着我走》和《动物档案》，以及带有网络写作特征的《囚界无边》。李少君在二十世纪九十年代集中创作的都市题材小说，也不注重对海口生活氛围和地域风景的描摹，他更在意的是当代商业化都市中青年人的生存境遇。张浩文更多地沉浸在对故乡陕西生活的记忆中，关中乡土生活成为他书写中国人心灵变迁的载体。而杜光辉对关中生活的书写，更多表现为对传统人格理想或平民中蕴藏的道德力量的信赖，如《大车帮》；或立足于早年军旅生活经历，如《可可西里狼》，贯穿着英雄主义情结。或许在陕西移民作家中，我们还要算上孙皓辉，他在海南生活多年，创作出了大型历史小说《大秦帝国》，更为典型地代表了陕西作家的抱负——他试图以“秦人”的眼光重构中国三千年的历史。而来自北京的作家晓见，则更具有现实关怀和政治意识，更乐于在社会、政治、经济的复杂关系中理解人物命运，创作富于戏剧性的故事。另外，来自江西老区的张品成则热衷于书写红军时期的革命历史故事，以现代观念重新理解革命战争所代表的理想主义。一般而言，这些作家的作品即使涉及海南生活，也大多是以移民和外来者的身份与视角来叙述，如杜光辉的《闯海南》。

海南建省办经济特区，实行的是“小政府、大社会”的行政管理体制，海南作协机构人员少，不设专业作家，从这一意义上说，海南一直没有职业化的作家，但是，民间自发的创作热情却很高，省作协会员500余人，相对于全省800多万人口来说，从事文学创作的人员比例比较高。对海南作家来说，文学创作更多的是出于一种进行文学表达的热情和对文学的单纯的理想。这其中，有的作家痴迷于对文学艺术本体的探索，更多的作家则是试图通过文学来表达对现实世界的理解。因此，对众多海南作家来说，文学更多地带有“爱美”的意味，因而具有了自由率性甚至自得其乐的可爱品格。

在海南小说家中，女作家杨沐善于把握当代女性顽强寻求自我的曲折内心历程，在物质主义盛行、爱情神话褪色的时代，杨沐最令人难忘的是关于当代女性情感经历的小说，如《阿纳提的牵马人》《力·量》《猜一猜，谁是你的情侣》等，在表面看似波澜不惊的人物关系中，杨沐营造出人物情感变化的戏剧性，在情与欲的纠缠中，把当代女性的精神困惑呈现得优雅、感伤而又惊心动魄。严敬是一位具有唯美主义倾向的作家，他对文学的形式感有着近乎苛刻的挑剔态度，竭力追求着文学表达本身的独特与完美，他似乎对现实生活的真实逻辑不太关心，而更醉心于用语言搭建一个新的世界，奇妙的是，严敬的小说总给人一种似真的幻觉，而最后他又将这种幻觉打碎，从而全面质疑了现实世界的逻辑，这使他的小说总是弥漫着一种特殊的形而上的哲学意味和诗性色彩。

相对于致力于呈现人物内心复杂性的杨沐和专心营建语言乌托邦的严敬，胡彬似乎更乐于通过小说来表达他对当代社会生活的敏锐观察和思考，《网恋》作为国内第一部关于网恋的小说，试图呈现技术时代对人们情感方式和生命状态的深刻塑造，而《车祸》则敏锐地向沉浸在汽车梦中的人们敲响了警钟，作为一个精彩的寓言，它对以汽车为代表的现代化梦想进行了辛辣的讽刺，也揭下了所谓“精英阶层”的华丽外衣。借助于幽默、机智的小说，胡彬表达了对中国发展道路的隐忧与批判。

二、本土文学的崛起

在移民作家的激励甚至是挤压之下，海南本土写作在近年来获得了长足的进步，涌现出一批值得重视的优秀作品。本土的文化资源被重新审视和发掘。从历史上看，由于海南偏居南方之南，较少受到现当代各种社会运动和文化思潮的深度影响与改造，在海南民间尤其是乡村，较之内地省份，至今仍更多地保留着中国传统文化价值的深刻印迹，保留着对传统文化价值与理想的由衷敬重，这表现为对“公期”“军坡节”及各类传统节庆仪式的注重，沉淀为习焉不察的稳定的文化心理结构；同时，这种传统文化根脉也因海岛的文化性格和海外文化交流而浸染了开放、通脱的地域风格，更因经济特区建设的社会变迁而融入了多重当代因素。

崽崽是本土小说家的代表人物，多年来一直致力于书写海南市井生活，并形成了独特的个人风格，其代表作《谷街后》《我们的三六巷》以宽容的目光审视世俗生活，活画出海南市民的文化性格。《我们的三六巷》向我们展示了一卷海南当代的市民生活史和风俗画，通过对新旧几代市民和新移民的生动刻画，小说既呈现了海南社会在外来冲击下的精神惶惑与历史蜕变，更揭示出蕴藏在海南本土深处的恒常的文化性格：它淳厚、宽容、淡泊功利，有时又显得固执、褊狭，这构成了海南市民生活的精神背景和伦理底色，即使是那些小奸小坏，也坚持着质朴的道德底线，不失原始正义感。小说以巨大的善意和对人性的体谅，塑造出众多面目生动的人物形象，勾画了浓郁的海南生活的氛围。

林森的长篇小说《关关雎鸠》显示出年轻作者出色的才华，它别具韵味地展示了炎热潮湿的海南小镇的生活氛围。林森以舒缓而不动声色的叙述，编织起家族叙事的经纬线，写出了本土的海南人对现代生活与外来时代冲击的创伤性体验，不知所从的困惑，以及蕴藏在海南生活内部的顽强生命力。林森在叙述语言上的才华给他的故事打上了鲜明的个人印迹。

另外，符浩勇在小小说领域是位重要作家，韩芍夷对海南母系家族的书写上具有不俗实力，植展鹏、李焕才是乡土小说的好手，他们共同构成了海南本土小说家的基本阵容。

三、“海拔”诗群与散文写作

海南诗歌近年来异军突起，主要由年轻的海南诗人组成的“海拔”诗群在国内重要诗歌刊物上频频亮相，产生了全国性的影响，作为这一诗群的首脑，李少君以其平易清新的诗风，更以其对“草根诗学”的倡导在诗坛具有重要地位，对新的诗歌格局的形成具有深刻推动作用。在他的带动下，一批年轻的“海拔”诗人创作颇为活跃，其中除了早已成名的几年前加盟“海拔”诗群的江非，主要是本土成长起来的年轻诗人，如纪少飞、艾子、符力、王凡、邹旭、衣米一、陈亚冰、王广俊等，他们和2000年后落户海南的著名诗人多多、王小妮、徐敬亚等人一起，共同塑造了海南诗坛的整体形象。应该说，就总体实力而言，相对于其他文类，海南诗歌在全国的诗歌版图上占有更重要的地位。

海南的散文创作亦涌现出几位重要作家，除了已取得举世公认的随笔成就的韩少功、孔见、蔡葩、伍立杨、耿占春、崽崽、单正平都有不俗的实绩。其中，孔见的《赤贫的精神》《卑微者的生存智慧》两部散文集面对纷繁的现实问题，以智慧、通达的思考，给人以形而上的启迪，良好的哲学训练与现实感悟力相得益彰，作品具有一种明澈、通透之感。蔡葩的《有多少优雅可以重现》《风从南洋来》等历史随笔，在采访、钩沉的基础上，试图在一个宏大的时空框架下还原、重建被各种主流意识形态所遮蔽的另类的海南近代史，那些大时代中的人物命运，寄托了她对海南精神血脉的想象。而同样是历史随笔，伍立杨更为关注的是晚清以来那些追求民主、自由，有血气、精神高贵的知识分子形象，如《读史的侧翼》《烽火智囊》等，伍立杨有着强烈的自由主义知识分子的政治立场，虽难免情绪偏执，但态度鲜明，史料丰富，更兼文笔古雅，文章颇为耐读。

四、隐忧与希望

当然，应该承认，总的说来，相对于那些人口众多、文学历史传统悠久的文学大省，海南总体的文学水平还不算太高，具体表现即是尽管拥有在全国影响力巨大的高水平作家，但整体队伍结构还不太理想。现在的海南作家如果按三个层次来分的话，不难发现，顶尖级作家虽然数量不多，但实力超强，不弱于他省，但是中间阶层作家太少，其他低水平作家数量太大。

第一阶层的作家，主要是指韩少功、蒋子丹、多多、王小妮等，其中韩少功作为具有世界性影响的作家，不但代表了海南文学的对外形象，某种意义也代表了中国当代文学的最高水平。韩少功的写作对当代文学来说是有典范性的，他的文学在不断地创造对当下和未来的想象，也在不断地创造着关于文学自身的想象。在他的笔下，文学的边界是不断敞开和拓展的。尤其是到了《马桥词典》《暗示》及之后的时期，文学是什么不再是自明的和既定的东西，而是一个不断被挑战、不断被发现和创造的场域。而在我看来，这正是当代文学之谓当代文学的本质所在。一个有出息的作家，从来都不会怀揣着所谓永恒的审美价值的幻觉去写作。在这一点上，韩少功作为一个标杆，对海南文学的引领作用是巨大的。

蒋子丹也是一位不断挑战自我、勇于探索当代文学可能性的作家，她的近作《囚界无边》即是一种新的写作尝试，这部带有网络写作特征的小说表明，二十世纪八十年代以来成长起来的某些优秀作家正试图打破精英作家的狭隘的自恋，与现实建立更为有效的连接，这是一种革命性的心态调整。所谓网络写作，或者临屏写作，对蒋子丹来说，只是一个手段，这种手段强迫性地帮助传统作家实现了这种转变，这对当代作家来说具有启示意义。

不过，海南文学不能总是靠他们充门面。可喜的是，一批中间阶层的作家正在走向成熟，如杜光辉、崽崽、李少君、杨沐、严敬等，更有一批新人显示了出色的创作潜质，如林森等，这让我们看到了海南文学的新希望。

海南新诗的历史文化背景及发展线索

一、海南诗歌的历史文化背景

1. 南方写作：海南诗歌的文化生态背景

海南诗歌的发展与海南特殊的地域文化氛围有着紧密的内在联系。海南浓郁的热带风情，更重要的是多元、宽容的文化背景，散淡洒脱的生活格调，使它天然地具有诗岛的素质。

如果从文化生态学角度来考察，海南文化具有海洋文化的特点，而亚热带气候又给海南的海洋生态环境增加了别样的色彩。

中国文化历来有南北之分。大略论之，北方文化粗硬质实，多慷慨之气；南方文化柔和温润，更具细腻优雅之态。当然，在中国文化的系统内，南方更多地以江浙为中心，而属于岭南文化的海南原属“化外之地”，是“南方之南”，这使它与经典的南方文化又有所不同。汉代以来的大规模文化交流与开发，加上开阔的海洋地理环境，逐渐形成了海南文化平和、宽容、包容性强的特点。

海南文化特点的形成、保留与持续的文化交流关系密切。对诗歌写作来说，移民诗人一直是重要的创作力量，也是激发本土创作的能量来源，同时更易于形成一种多元并存、从容自由的写作构局和诗歌心态。虽然我们不能进行一种本质主义的描述，认定海洋环境、亚热带气候和诗歌写作的形态一定有关，但一个合乎我们经验的推论是，阳光充足、闷热、潮湿的环境的确对人们感受、体验世界的方式，包括抒情方式有某种内在影响，正如诗评家向卫国指出的："这种闷热、潮湿、多瘴疠之气的环境迫使其原住民必须性格温和，宽以待人，以保持身体的能量平衡。即使今天，凡来到南方的人，生活久了就不能再过多地饮烈酒、吃辣椒等，就是这个道理。所以北方出生的诗人，到了华南，在周围环境的影响下也可能会逐渐改变性格中的暴戾之气，渐趋平静地看待一切人与事。多年来，中国诗坛不知发生了多少口舌之争和纸笔之战，但岭南诗人很少卷入其中，他们一般都能冷静地对待争论各方。"[①] 海南独特的自然风物也是一个刺激诗歌生长的重要因素，这是显而易见的。谁能对美丽的阳光、沙滩、椰风、海韵无动于衷呢？正如诗评家、诗人李少君所说："自然的美丽我想是其中一个重要的原因。海南岛热带风情的独特，海与山结合的景色的优美，自然而然地会激发人们的诗情。人在壮丽的风光面前无法克制自己想要歌咏和吟唱的冲动，情感因此磅礴而发，这是产生诗歌或诗歌般激情的基本源泉。"[②] 这种独特的自然旅游资源除了激发抒情的冲动，还有另外的更重要的意义：它进一步推动了文化交流，使海南诗歌愈来愈紧地和内地诗歌界联结在一起。随着这个没有

---

① 向卫国：《世纪之交的华南诗歌及其文化生态学考察》，《明天》第二卷，湖南文艺出版社，2005。

② 李少君：《天涯海角，诗歌的故乡》，《蓝》2005 年第 4 期。

冬天的海岛越来越成为一个全国性乃至世界性的旅游区，越来越多的诗人、诗评家（这些人或许更爱海南的环境）或短暂或长期地居留海南，与海南诗界形成了对话与交流，或干脆直接融入了海南诗人的队伍。近年来的海南诗歌状况表明，由于海峡所造成的历史性的孤立与隔绝正在消失。

另外一个与海南自然资源相关的结果也是不可忽视的，地方政府从文化战略角度考虑，也试图利用诗歌提升海南旅游的文化内涵，扩大海南的文化影响，政府部门也愿意给予诗歌以重视和支持。

将近十年来频繁而又具有广泛影响的诗歌活动，以及海南健康旺盛的诗歌热情表明，海南有望或正在成为又一个活跃的诗歌艺术的中心与策源地。

2. 从商品大潮到市民生活：社会历史语境的变迁

海南 1988 年的建省办经济特区既是海南社会历史的转折点，也为诗歌写作提供了历史机遇。作为得改革风气之先的经济改革前沿地区，社会的一般价值尺度也较早发生了变化，物质生活高于一切，精神生活暂时退居其次。尤其是在二十世纪八十年代末至九十年代初的转型时期，人们在海南更能清晰地感受到社会价值尺度和精神方向转折的强度与突兀性，在传统社会内部局部性地、突然性地生长出来的市场经济社会，给心灵敏感的人们带来了焦虑和生存的惶惑，物质对精神的挤压，很自然地产生了双重结果：既驱逐了诗歌的生存空间，也导致了美学的激烈反抗，尤其是对那些怀着浪漫梦想下海南的被称作“人才”的外来者来说，更是如此。

当然，随着二十世纪九十年代中期海南经济遭受挫折，市场喧嚣掩盖下的闲适的生活趣味又浮现出来，正如海潮退去后露出日常细致的沙滩一样。于是，海南的诗人在这涨落之间，更加清晰地找到了生活和诗歌的真味，诗歌也慢慢褪去了潜在的反抗性质，而日渐走向了平和的日常生活的深处，但这是经过历练之后的平和。这一内在的精神经历在很多诗人的作品中都留下了痕迹。

市场社会的反向挤压，与挤压之后散淡的文化、生活氛围的有力承托，共同促进了海南诗歌的生长。散淡的甚至带有某种享乐主义气息的城市文化与市民文化氛围，或许是海南诗歌生长的更为重要的基础，是它的看不见的岩层与潜在的根基。不过，海南的这种生活格调在二十世纪九十年代中期以后，是否也融入了对经济狂热期的反省的潜在意味？如果是这样，它就和诗歌写作的方向取得了内在的协调。其实，闲适的生活格调代表着一种停下来欣赏生活的人生哲学，这和另一个诗歌强省四川有某些相似之处，尽管海南可能缺少了些文化厚度。

另一方面，商品经济的社会规则又使诗歌得到一个相对宽松的环境，加之“天涯海角”受政治意识形态的控制较为松弛，这使海南的诗歌写作较容易保持轻松的心态，既不必过分担心主流意识形态的惩戒，也不必刻意趋附政治权力的垂青。

当然，海南的地理、文化、生态环境也使诗歌写作容易具有某些先天性的缺点，这些缺点往往是和优点连在一起的，是一体两面。如亚热带四季常绿的美好生态、海洋自然景观，既有效地激发了诗情，也可能导致了诗情的模式化与精神的肤浅。正如李少君在评述此类书写海南景色的诗歌创作时所分析的：“也许由于在绚丽的景色之前难以控制内心的激动，无法使之顺畅地转换，这些诗人的大部分的作品不够精美。尤其与古代诗人相比。当然也或许是因为新诗在处理自然题材时缺乏收敛、蓄积、浓缩从而达至凝练、升华的经验，这些新诗远不如古典诗歌隽永耐读。当然也可能是因为时代背景的转化。因为在古代诗人那里，自然、山水本就是他们的宗教与天堂，是他们最终的家园，而现代早已背离了这一切，自然再无深刻体味。”[①] 海南的美好景观过于轻易地唤醒了传统的审美意识，却已不可能再得到传统的美学精髓，但又未能有效地融进时代的新质，这可能导致众多的诗人对复杂的现代生活经验开掘不够。而缺乏深厚文化积累的散淡的市民生活格调，也往往导致某些诗人过分认同世俗的生活逻辑，限制了在平易之后进一步追求精神高度的文学冲动。

另外，与大陆的地理隔绝也不可避免地导致了某种封闭与偏狭，虽然它越来越多地被频繁的文化、人员的交流所中和，但毕竟有所限制。“海南的作家因为海岛的缘故，一般与内地的文坛较少交流，默默地写作成为他们的常态。”“海南的文学写作似乎没有这种‘影响的焦虑’，这其中地理文化的因素占了很大的成分。他们在脱离中心化的写作之外而自得其乐，但也正因为缺乏这种‘影响的焦虑’与创作的动力，海南的文学写作始终没有取得更大的成就，没有压抑，自然也就没有‘压抑下的修正、反抗与突破’。”[②] 不过，从另一方面来看，这种限制却也使海南诗歌免受浮泛的诗歌潮流、无聊的论争与时尚所干扰，这种被动与主动的疏离反倒使海南诗歌保持了从容自信甚至盲目的从容自信的主体性，这也是为何在中国诗歌最为艰难的时刻，它反倒维系了一种不衰的热情的原因。诗歌最大的危机绝不在外在环境，而在于内在的歌唱的欲望的减弱与丧失。海南诗歌最可爱之处正基于这种单纯的歌唱的欲望，这里的诗人们普遍无文学史焦虑，也无心话语权的争夺。海南也没有内地诗坛小圈子化的分裂，以及为了吸引外在注意而经常性炒作与作秀，诗人们更多的是靠本真的创作冲动来写作。海南诗人没有刻意地在意自我的诗人身份，海南诗人只在写作时才是诗人，于是他们才能随时成为一个诗人。诗人，对他们很多人

---

① 李少君：《天涯海角，诗歌的故乡》，《蓝》2005 年第 4 期。

② 朴素：《大国的文学》，天涯社区网站。

来说，不是身份，当然也不是职业，而是一种生活方式或人生趣味，是生存的内在需要。这使海南诗人与诗坛的距离较远而离诗很近，这可能也带来了海南诗人不注重技艺磨炼的毛病，但却使海南诗歌保持了一种当代诗歌最少见的也最缺少的单纯、明朗与质朴的本质。这也正是海南诗歌为当代诗歌提供的一种疑问与启示。

3. 新的南迁：从诗歌史的背景看

“在一代人的记忆中，新时期最初十多年的诗歌和华南地区几乎没有多少直接的关系，诗歌的中心在‘北方’（岭南人习惯把‘岭北’统称为北方）。整个二十世纪八十年代，发生在华南的诗歌事件唯一可记取的似乎只有 1986 年的诗歌大展，因为它起于深圳，但是它的主要参与者都是‘北方’诗人。既然‘九十年代’已经成为一个具有特殊诗学意义的专有名词，那么还可以说，二十世纪九十年代的大部分时间内，诗歌和华南的关系仍然是不明朗的，因为华南没有产生足以影响全国的有代表性的诗人和流派。尽管多数评论家都认为二十世纪九十年代的主要特征是所谓‘多元化’，华南的这一‘元’却并没有拿出任何足资骄傲的诗歌实绩。”[①] 这一判断虽然不尽准确，却大体上是真实的。如果说 1990 年末期以前，包括广东、广西、海南在内的岭南或者说真正的“南方”在诗歌上只是一个不太引人注意，也不必引人注意的边缘地区，那么在这之后，岭南的崛起，尤其是在经济和人口上都极弱小的海南以一种和自身规模相比不成比例地崛起，就让人刮目相看了。

海南的异军突起是否是当代诗歌重心南迁，或多中心化过程中的一个具有特别历史意味的现象？这尚有待于未来的历史来确定，但是历史地看，海南的诗歌崛起却也提示了当代诗歌内在精神的某种转移。众所周知，后“文革”时期的当代诗歌写作的兴起，即从“白

---

① 向卫国：《世纪之交的华南诗歌及其文化生态学考察》，《明天》第二卷，湖南文艺出版社，2005。

洋淀诗派”到“朦胧诗”的崛起是建立在少数诗人对西方文学、思想资源的垄断上的（如内部参考“黄皮书”），由于特殊的家世背景、社会关系网络和地缘文化背景（如在北京），他们率先依赖别人无法见到的“武功秘籍”实现了诗歌观念和技巧的突破。在那个新启蒙主义兴起、思想解放的年代，“朦胧诗”及后来的“第三代诗歌”在当时的文化环境里一度占据了主流的文化位置，也受到了国家意识形态和体制的或明或暗的支持。所以，依靠占有主流文化资源的多少，自然出现了北京、南京、上海等诗歌中心，这些地方都是文化、体制资源相对集中的地方，比较例外的是四川，但四川由于特定的文化传统和地缘文化背景，产生了令人赞叹的庞大诗人群落[①]，这是别的地方所不可能具备的。而且，即使是四川诗人，很大程度上也是依托外地的文化资源获得认可并获得进一步发展的空间的。

而到了1990年中期以后，随着诗歌写作的整体边缘化（除了社会转型的原因，也和文学丧失了曾有的主流意识形态功能有关，诗歌更戏剧性地表明了文学的处境和命运），诗歌与体制性的文化资源的依赖关系事实上已经解体（北京的所谓“知识分子写作”利用固有的、残存的文化资源优势来维持形式上的中心位置，也已越来越不可能了），而随着网络时代的来临，文化资源上的分配日益呈现匀质分布的趋向，北方与南方在文化资源上的差异正在急剧缩小。正是在这种时代背景下，海南偏居天涯海角，远离文化、体制中心的劣势被削平了，而其他的地缘文化优势则有机会充分显现出来。这或许是海南诗歌崛起并可能拥有更远大未来的历史秘密。

当代海南的新诗创作在全国的诗歌地图上占的位置越来越重要，尤其是二十世纪九十年代以后的新诗创作状况显示了与海南省

① 敬文东：《指引与注视》，中国文史出版社，2001。

的人口数量、地域面积不相称的成绩，并预示了更加激动人心的前景。我们甚至可以大胆猜测，在中国诗歌下轮复兴的潮头到来之前，海南将是保存种子的重要省份之一。这种判断可能出乎很多人的意料，但海南诗歌的上升趋向是关注诗歌的人们明显可感的，而且，由于海南的健康的创作空气，我们相信它在可见的将来将保持这一姿态。

正是基于以上的多重理由，我们相信，诗歌上的南方写作具有特别的文学史意义，意味着当代诗歌的另一种可能性。而海南是这种南方写作的一个重要例证。

二、流风余韵：海南诗歌的传统及外来影响

这里所说的传统，指海南历史上形成的对当下诗歌写作有价值的精神空气，或潜在的文化资源，既有本土诗歌传统，也有历史上的移民创作，还有二十世纪八十年代以前的重要的有影响力的作家和现象，它们和外来诗歌影响一起共同构成了本书所关注的海南当代诗歌的精神背景。

海南古典诗歌的传统是由历代的被贬官员和本土文人共同创造的，作为一个标志性的人物，宋代著名诗人苏轼曾经在海南岛上留下了诗歌创作，产生了深远的影响。据《儋州市志》记载，苏轼在儋州设有东坡书院，以诗书礼乐教授学生，另据《琼台纪事录》中戴肇辰所作《重建东坡书院并修洄酌亭记》：“宋苏文忠公之谪居儋耳，讲学明道，教化日兴，琼州人文之盛，实自公启之。后公北归，郡人遂即公所尝至之地，建为书院，而名之曰：‘东坡，亦不忘也。’”他的学生中有黎子云兄弟、符林、王霄等，另有外地赶来的姜唐佐、葛延等。三年讲学，儋州黎汉专心向学，

蔚然成风，在苏轼的精心培育下，王霄举明经科，姜唐佐也成为海南第一个举乡贡者；大观三年，符确登第，成为海南第一个进士。《儋州志·选举志》云：“吾儋自宋苏文忠公开化，一时州中人士，王、杜则经术称贤，应朝廷之征聘；符、赵则科名济美，标琼岛之先声，明清之际，多士崛起，列乡元者，三科两解，人文之盛，贡选之多，为海外所罕见。”由此可知，苏轼居儋州三年，敷扬文教，对儋州及海南文化的影响是十分深远的，至今流风余韵不绝，儋州现在还流行诗文唱和，有“诗歌之乡”之誉，据说“儋州人凡读过几年书的，特别是四五十岁以上的人，差不多都可以吟诗作对”[①]。

“在历史上，海南是一个贬谪流放之地。由于中国传统里以诗文取官，所以被放逐者基本都是相当优秀的诗人，如苏东坡、李德裕、汤显祖等，他们造成了某种风气，影响至今。而海南本土士子也因此被激发，诗人辈出，如丘濬、海瑞等，熏陶后学。两相击荡，至明清期间达至高峰，海南岛一时诗风鼎盛。”[②]今人洪寿祥主编、周伟民执行主编的《海南先贤诗文丛刊》所录诗人诗作，显示了海南连绵不绝的诗作传统，其中的《溟南诗选》由明代崇祯年间进士、文昌县人陈是集（号筠似）编选，是明代以前海南籍文人的诗歌创作选集，共选入 28 位作者的诗作，其中有白玉蟾、丘濬、王佐、唐胄、钟芳、海瑞、郑廷鹄、王弘海等名家，还包括 5 位女性的作品，即所谓“闺媛诗”。不难看出，在宋明清三代，海南诗歌创作是非常兴盛的。

这自然形成了海南崇尚诗歌的传统。海南当代众多的古典诗词创作可能更直接地承接了这种传统（由于体例的原因，本书对这部分当代创作不涉及），但这种精神资源却构成了新诗创作的一个重要背景。

---

① 羊中兴：《儋州歌海》，九州出版社，2005。

② 李少君：《天涯海角，诗歌的故乡》，《蓝》2005 年第 4 期。

在现代文学史上，海南诗人征军是一个重要的名字。

诗人征军，原名施继仕，又名启达，海南琼山人。1913 年生于海南，1946 年以积劳与贫病卒于香港。编《高射炮》诗刊。1938 年参加中国诗坛社，著有诗集《蒙古的少女》《红萝卜》《燕子来自何方》及长诗《小红痣》等。经今人整理，有《征军诗集》出版。谢冕评价征军说："这是一个对许多人来说可能是陌生的名字，而又是一个对许多人来说是应当记住的名字。他以短暂的生命谱写的壮丽诗篇，给中国新诗史留下了长远的记忆。他的生命之诗，以惊人的光芒划过中国流血的天空，而后沉重地消失。"①

征军的诗作视野宏阔，想象丰富，意蕴深沉，节奏有力，激情充沛，具有崇高之美。有些诗作以海南风物为中心书写抗战时期的民族命运，感人至深，如《南渡江》《海南岛，我的母亲》等。"与同时代的诗人相比，作为战斗的号角，作为激励前进的火炬，他们的诗是相同的。但是，征军的诗色调更为浓郁，传达出极惨烈的艳丽。他喜用'血泥''血泊泥塘''血淋淋的囚徒'这些惨烈的意象，他说，'祖国，是涂着血的谷粒'，有一种让人惊心动魄的效果。他的诗，取材广阔，异国的老太太、香港的女同学，东京、安南妇，等等，都给人以新鲜感。尤其是《蒙古的少女》这首诗，把盛开的沙漠上的青年之花与保卫西北疆土、争取民族自由的主题联系起来，题材别致，立意精新，在当时甚至在今天，也是一个别开生面的创造。"②

在 1949 年以后的历史段落中，有一些创作现象或事件也对"新时期"以来的海南诗歌写作产生了深刻影响。当代诗歌史上众多诗人都曾有过对海南的书写，这些创作构成了后来的海南诗人的一个成长背景，对后来的海南诗人想象海南的方式有着潜在影响。

---

① 谢冕：《一道划过天边的光芒——〈征军诗集〉序》，《征军诗集》，长征出版社，2005。

② 同上书，2005。

从这一意义上说，也构成了海南诗歌传统资源的一部分。[1]比如，张永枚的长篇诗报告《西沙之战》就是一个重要的创作现象和事件。

《西沙之战》发表于《光明日报》1974 年 3 月 15 日，全诗分四章，前有序诗一首，当时产生了轰动性影响，被推举为学习革命样板戏创作经验的成功范例。“文革”之后《西沙之战》受到批判，被指责为“是由江青授意炮制并亲自主持修改的，打着歌颂西沙之战胜利的幌子，极力为江青吹喇叭，是一株大毒草，是‘四人帮’利用文艺反党的又一罪证”[2]。作为当代诗歌史上乃至当代历史上一个重要的文化事件，《西沙之战》曾深刻影响了 40 岁以上的中国人的诗歌记忆，也影响了当时中国诗歌的叙述与抒情方式。如果客观公正地进行历史评价，应该承认它在技巧上的确有所创新。考虑到这首诗是以海南为背景的长篇诗作，它对海南诗人的影响可能更为深刻，我们不难在本书所论的早期诗人的创作风格中看到《西沙之战》的某些痕迹，比如那种抒情方式的痕迹。

1979 年，归来的诗人代表，当时的诗坛的领袖式人物艾青和其他几位有重要影响的诗人如邹荻帆、徐刚、刘祖慈、吕剑、韦丘、高瑛等人访琼，与海南诗人进行了交流，当时的海南诗人不同程度地受到他们的影响。冯麟煌、邝海星、李放等本土诗人在陪同艾青的过程中受到指点，艾青对他们以后的创作产生了重要的甚至是方向性的影响。据当事人之一朱逸辉回忆：“艾青是中国诗坛上新诗泰斗级人物，但他却一点架子都没有，对海南文学青年充满热情。这些大诗人与海南文学爱好者在一起开过座谈会，而像冯麟煌等在创作上已经取得一定成绩的海南本土诗人，有机会陪同这些国内诗坛顶尖高手畅游海南，近距离聆听他们对艺术对人生的见解，

---

① 对于这一部分创作，《美哉海南岛》有较多和集中的收录，长征出版社，2003。

②《江青授意炮制〈西沙之战〉的罪恶阴谋》，《人民日报》1977 年 3 月 17 日。

对他们的创作则更是起到不可低估的影响。”[①]

事实上，1949年以后，几位重要的诗人都来过海南，如郭沫若、戴望舒、罗门、非马、牛汉、曾卓等，并留下过数量可观的作品。他们对海南的创作风气也产生了或浓或淡的影响。

三、海南当代诗歌史的重要历史阶段

依照海南的社会历史发展进程，诗歌创作总体格局的变化和某些具有标志意义的事件，“新时期”以来的海南当代诗歌史大体上可以分为三个阶段，即建省办经济特区以前、建省办经济特区之后到2004年以前、2004年以后。这当然只是一个为了描述方便而进行的分期，各个阶段虽然有一些不同的特征，但内在的延续性也很明显。[②]这几个阶段也大体对应着海南诗歌的总体写作水平的高下和它在全国诗界的位置。大致说来，建省办经济特区以前，除了极少数诗人，海南诗歌与全国水平有明显差距；建省办经济特区以后这种整体水平的差距逐渐缩短，在二十世纪九十年代后期，海南诗歌的总体水平和繁荣程度，就省份而言，在全国较为突出，但具有全国性影响的诗人、诗作仍然偏少；2000年初期，海南诗歌开始呈井喷之势，除了几位有重要历史影响的诗人定居海南，一批较为年轻的本土诗人也开始具有全国影响，并且海南诗人的集团优势开始充分显现，以“海拔”为代表的诗群正在冲击全国诗歌的海拔。在诗歌复兴的时代氛围中，海南预示了中国诗歌的某种新鲜的、富有希望的可能性。

以下我们分别描述这几个时期的创作总体状况。

---

① 夏萍：《大诗人的海南行》，《海南日报》2006年9月26日。

② 这一分期方式，借鉴了李少君的看法，在此表示谢意。

1. 建省办经济特区以前

此一时期，在行政区划上，海南仍隶属于广东，只是它的一个行政区。这一点对诗歌写作来说并非无关紧要，它某种程度上影响了海南诗人建立本土身份意识，而更多地习惯于在岭南文化系统内建立地域文化认同。这对较强地依赖于自然景观进行写作的海南早期诗歌写作来说，不能不说限制了视野的广度，诗歌创作更容易被一种狭小的地域意识所束缚，可能会导致创作格局的狭小，也往往缺乏以一个省级或全国性的诗歌高度来要求自己的渴望和焦虑感。尽管这一点并非必然地和诗歌写作相联系，但有时亦是影响总体诗歌水平的某种不可忽视的因素。

而且，海南作为一个市区级地区，在体制性的文化资源方面，亦受到行政建制的较大约束。另外，在这一时期，海南仍处在某种未开发的状态，整体政治、经济、文化水平较为落后，在全国视野中的意义也未受重视，因而封闭性较强，和内地的各种意义上的交流，尤其是人才与文化的交流很少，加上受时代的信息交流水平的限制，就使地理距离的限制更加严重。

于是，这一时期海南诗歌呈某种自足状态，距离诗界中心或文化资源的中心非常遥远，而恰好那一时代中国诗歌写作对这些文化资源有绝对依赖的关系，某种意义上说，它也是决定一个地区诗歌总体水平和繁荣程度的最重要的前提。这就导致了海南诗歌在总体上的欠发达状态。在这一背景中看，云逢鹤、冯麟煌等诗人在当时显现了在全国范围来看也是很高的创作水平，固然和他们的出色的个人才华有关，很大程度上也是由于偶然的个人机缘，他们得以和主流诗界与主流诗歌资源建立了联系的缘故，如冯麟煌结识艾青，受到艾青的赏识，在其指导和引介下得以成为《诗刊》等主流刊物的作者；而云逢鹤与牛汉、贺敬之等人的个人联系，也是他被推介因而被主流诗界所接纳的重要前提。可以设想，如不是由于这些特殊的机缘，他们的才华可能未必那么快被认识到，他们的诗人成长之路可能会更艰难曲折一些。

环境的封闭，也限制了新鲜思想资源和文学资源的进入，这不利于文化视野的拓展，也容易使诗人安于固有的诗歌模式，受主流意识形态的支配，从而导致诗歌对生活的处理过于单面化。诗人们仍习惯于运用固定化的象征，或带有强烈意识形态性的公共象征体系，很少或没有发展出个性化的象征语言，诗歌修辞手段上也较为简单。当然这和老一代诗人所受的诗歌教育和他们的人生与文学经历有关，这也是他们那一代诗人共同的问题——他们大体上对应的是“右派”一代诗人，虽然他们不一定有“右派”的经历。

这一时期海南诗人仍以当时普遍50岁左右的诗人为主，更为年轻的诗人并未像当时其他地区的“朦胧诗”诗人一样成长起来——由于远离文化和诗歌的中心区域，类似于“朦胧诗”一样的诗歌创作未能获得成熟的环境。因而，这一时期海南诗人在观念与技巧上显得相对陈旧，虽然这并不限制他们在这一美学范式内达到较高水平。总的来说，很多诗人仍然停留在“十七年”的美学范式里面，尽管一些新的诗歌因素也有融入，但终归是有限度的，当然他们的鲜明个人风格也显示了超越“十七年”的迹象，他们也试图做出了种种突围的努力，但这毕竟是那一代诗人的历史局限。这在全国范围内看也是如此。

当然，这样的评价可能有失历史公正，这一时期的诗人，尤其是代表性的诗人，的确极大超出了“十七年”时期的诗歌水平，而且在诗歌美学上也提供了许多新鲜的内容，他们的诗风质朴、单纯、明朗，极其健壮，这都是令人怀念的风格。这一代诗人为后来的海南诗歌的成长，为年轻的，以及更为年轻的一两代人提供了重要的艺术参照，也产生了重要的影响。后来的诗人们正是在向他们学习，后来又在反叛的过程中成长起来的。这也是诗歌史的一般规律。

2. 建省办经济特区之后至 2004 年以前

1988 年海南建省办经济特区对诗歌写作具有重要的意义，它直接的效果之一，就是行政上的升格带来的体制性文化资源的改变与重组，而且，很自然地，从政府有关部门，相关文学团体，到广大作者对作为一个特殊省份的海南诗歌也有了新的预期与想象，它进一步转化为政府、社会的支持和作家的内在创作动力。虽然它对诗歌的影响不是直接与明显的，却是真实存在并且持续的，及至 2000 年以后，诗歌写作在海南文化发展中越来越具有战略的意义，正是这一历史的延伸。

随着大规模的海南开发，及海南旅游形象乃至品牌的确立，也带动了对“风景”的重新发现，自然景观的美学意义在新的文化视野内也在发生改变。对本土诗人而言，这是一个地理及自我的重新发现的过程。而商品文化冲击下迅速改变的海南生活世界也给本土诗人带来怀旧的情怀和惶惑的焦虑意识，如何在诗歌中重建海南的历史形象与它作为生存根基的意义，就成为一个潜在的写作命题。我们可以在孔见、艾子、纪少雄、白然等人的诗中隐约发现“家在海南”作为诗歌主题的意义。

当然，最重要的也是最可见的变化还在于移民诗人的大量涌入，随着“十万人才下海南”盛况的出现，大量来自诗歌中心区域的诗人进入海南，成为新的海南诗歌创作力量，这对海南诗歌史具有深远的意义。其实，此前的诗歌创作力量也有很大一部分与二十世纪五十年代开始的农垦移民有关，上百万人的农垦大军涌入，对此后的诗歌写作影响深远，比如人才、诗歌观念等。李少君指出：“1988 年，海南又经历了一次诗歌的淘洗。1988 年，海南建省办经济特区，年轻人蜂拥而来，造成所谓‘十万人才下海南’的壮丽景观。这其中就有不少诗人，仅据我所知，就有柏桦、李亚伟、杨黎、廖亦武、肖开愚等来过海南并短暂居住过一段时间。他们影响了本地一些年轻诗人。后来，曹汉俊、林珂、张锋、凌川、鹿玲等青年诗人还因此留了下来，这一次诗歌潮的影响现在还难以评估。”[1]当然，这是一个很不完备的粗略名单，而且作为作者，李少君还遗漏了非常重要的一位：他自己。

移民诗人将主流诗歌写作的文学资源、观念、技巧带进了海南，改变了此前封闭的海南相对滞后的诗歌空气，虽然诗歌史不能以进化论的尺度来衡量高下，但新的思潮、观念的确也有瓦解陈旧模式对诗歌写作的束缚和重新发现生活的功能。移民诗人的作用虽然不能过分夸大，但他们在很大程度上刷新了海南的诗学观念，却是事实。在二十世纪八十年代末到九十年代初，“朦胧诗”“第三代诗歌”以来的诗歌观念、技艺全面进入，这也带动了本土诗人的成长。

这一时期由移民诗人和本土成长起来的诗人共同构成，他们普遍出生于二十世纪六十年代，代表了海南诗歌最为沉实的一部分。

建省办经济特区以后是商品经济的爆发式发展，这在当时的中国还是具有特别的意义，而且充满了转型期的混乱与狂躁，这给人们带来的精神冲击异乎寻常。这种变化的突然、陡峭、深刻，加之此后经济滑坡时的突然落差造成的精神震荡——很多诗人自己的命运沉浮都是和这一过程相连的，即使没有，也亲自见证、感受到了这一时代风云变幻和它裹挟个人命运的力量。这是一个让人既紧张兴奋又备感困惑的年代，也是一个物质、欲望挤压精神的年代，同样也是激发生存意义追问，对诗歌产生强烈内在需要的年代。诗歌既充当了精神抚慰剂，也具有潜在的对抗的意义。

---

① 李少君：《天涯海角，诗歌的故乡》，《蓝》2005 年第 4 期。

作为一份遗产，这种诗歌热情在后来的年代保留了下来，虽然意义已不完全一样。

3.2004 年以后

2004 年是一个具有标志意义的年份，这一年海南发生了很多重要的和诗歌直接相关的事件。5 月，第二届华文青年诗人颁奖会在海口举行，谢冕、吴思敬、叶延滨、林莽，以及荣获两届华文青年诗人大奖的青年诗人江非、雷平阳、北野、江一郎、刘春等来到海南，并举行了学术座谈会及一系列专题讲座。7 月，海南 10 位青年诗人的诗歌丛书《海拔诗丛》[①] 举行首发仪式。7 月，谢冕、任洪渊、吴思敬、臧棣、陈旭光、徐敬亚、王小妮、杨四平、北塔等数十位诗评家、诗人莅琼，参加由中国诗歌学会与中国民航出版社联合主办的“《曙光妖娆》作品研讨会”。[②]8 月，移居荷兰 15 年的多多回到中国，到海南大学任教。11 月，余光中来到海南参加青年文化论坛并在海南师范大学举办讲座，谈诗论道。12 月，海南诗社成立 20 周年纪念，一本厚达 448 页的诗歌集《百花诗选》举行首发式。12 月，由海南大学中国诗歌研究中心、海口经济职业技术学院当代汉语诗歌研究中心联合设立的“诗之旅”诗歌奖揭晓，首届获奖诗人为翟永明、臧棣。这些事件似乎预示了海南诗歌新时代的来临（当然，如果从全国的背景来看，2004 年同样可以看作是具有象征意义的一个年份），尤其是多多的定居海南以及稍后王小妮、徐敬亚的到来，对海南诗歌的发展具有重要的意义。这倒不是说他们的创作为海南实质性地增添了多少内容，而是说他们的到来、加盟具有潜在的象征性意义，并由此实质性地影响

---

①《海拔诗丛》由南方出版社出版发行，收录有《那些消失了的人》（李少君著）、《水的滋味》（孔见著）、《挑灯看海》（卢炜著）、《异性村庄》（艾子著）、《妇女手册》（纪少飞著）、《词不达意》（纪少雄著）、《带上我的诗歌去远行》（远岸著）、《向左向右》（黄海星著）、《无所事事的男人》（潘乙宁著）、《石头的童话》（白然著）。

② 海南省青年诗人黄葵的诗集《曙光妖娆》，由中国民航出版社正式出版发行，一套 6 本系列诗集。

了（虽然不是直接的）海南诗歌写作。应该承认，他们对海南诗坛，包括大部分诗人都没有形成有意义的直接联系，包括人际关系的联系，但由于他们在诗歌史上的重要影响，主流诗界和民间阅读的双重肯定，某种意义上，他们的定居终结了海南在诗歌地图上孤悬海上的时代。一方面，他们的存在在很大程度上改变中国的主流诗坛看待海南诗歌的态度；另一方面，也是更重要的，他们开始近在咫尺地（至少在心理上）在海南青年诗人心中隐约确立了时代的诗歌标准。当然，不排除在有些诗人心中，这种标准是负面的，不值得称道甚至需要加以颠覆的美学标准，但不管怎样，岛上的诗人们不能轻易忽略他们近在身边的存在，至少是心理感觉上。在某种意义上，他们是当代诗歌最高水准的一个具体而微的浓缩呈现。（当然，另一不容忽视的力量是本土的却同样在全国具有重要影响的耿占春、李少君等人，他们一起就起到了互相加强、叠加放大的效果。）

据我所知，在海南，对多多等人的主动或被动的关注是普遍的。多多到来后，诗人、诗歌爱好者多次举办诗歌沙龙和多多的诗歌朗诵会，现场气氛很是热烈，尤其是在多多、王小妮所任教的海南大学，他们对青年诗人的影响可能更强烈，更具示范性和生长性。事实上，海南大学的青年诗人李朋等明显表现出模仿多多的迹象，多多等成为他们起步阶段的模本。所以，2004 年以后，对很多海南青年诗人来说，可以背对他们而写作，却不可能完全无视他们而写作，这和艾青他们浮光掠影的存在（至少对众多诗人和所谓的海南诗界来说），是不可同日而语的。这不可避免地伴随着青年诗人们对自己创作姿态的潜在调整。

从另一角度看，即使抛开多多等人的加盟不谈，也可以说，2004 年大体上可以作为一个诗歌网络化时代到来的标志，尽管从一般社会学的角度出发，这不是网络时代的恰当起点。而这个时代的到来对海南诗歌的影响比起其他地区来可能更有意义。我所使用的“网络化诗歌时代”中的“网络化”既指作为技术、传媒形式的电脑网络的普遍使用，也可以用来描述那种无中心的诗歌格局和资源分布状况——各个城市、省区都成了这个时代诗歌版图中的一个平等的节点，没有距离某个诗歌中心的远近和等级高下之分。虽然这种理想的状态还没有真正实现，但这种趋势已经非常明显。对青年诗人来说，他们获取外界信息的途径更方便，真正有影响力的中国诗歌也已经网络化了，这和“十七年”时期以正式诗刊等为中心，二十世纪八十年代及九十年代以重要民刊为主要阵地已完全不同。事实上，在中国当前的“诗江湖”中，《诗刊》等官方刊物已丧失了在众多创作者心中的权威性地位，它也早已不再代表一种诗歌标准，如果是，很可能只是一种负面的标准。这也正是李少君所谓“草根时代”的一个意思。众多诗歌网站正在成为更为年轻一代的学习、发表诗歌的主要阵地。对二十世纪六十年代末以来出生的人，尤其是“80 后”的诗人和创作者来说，网络诗歌或诗歌的网络化的新环境，对写作的影响是深刻而长远的，它表现在传播方式、诗歌资源、诗歌标准、写作尺度等各个方面。可以说，随着这个网络化时代的到来，海南诗歌才真正来到了一个全国性的时代，因为地理的距离进一步降低了其限制性意义，它被网络的等距离极大地抹平了。这种网络节点式结构，使远在天涯海角的海南寻常作者也能在阅读、发表上和全国保持同步。这种全新的环境在以前是不可想象的。当然，各种传统体制性资源，包括纸媒刊物和人际关系资源仍然在起着极其重要的作用，但不容否认，网络已经开始和传统资源一样发挥作用，并互相在起作用，地域的限制越发小了。正是这种地理距离限制的被突破（尤其是诗歌学习的便利），加上前述的海南的区位、人才、体制资源优势的聚集和进一步彰显，成就了海南诗歌的崛起之势。

慢就是快

——也谈海南文化的快与慢

在这里我要提出一个问题：什么叫作文化上的快？什么又叫作文化上的慢？应该说，在人们的心目中，文化上的快和慢的观念，总是与社会文化发展的先进和落后这组概念直接相关。这几十年来，尤其是二十世纪八十年代以来，生活在海南的人们可能心理上总有那么点不自信，总是习惯于谦卑地面对内地或者世界范围内所谓的先进的文化潮流，总是认为内地，更不要说北京、上海、广州等一线城市，社会经济发展更先进，文化自然就更先进也更快。面对这些“快”，我们总是不自信的，潜意识里面总认为只有更先进的地区有的才是最好的，只有跟上它们的步伐才是及格，我们总是觉得我们不够快，社会经济发展的速度不够快，现代化程度不够快，因而文化发展也不够快。比如，我们会习惯性地抱怨，海南的思想观念落后，现代意识不够，海口在国内综合指标上仍是三线城市，在现代感与人们的生活节奏等现代城市风貌上和二线城市都还相差甚远。在文化或文艺创作上更是如此，这构成了一些海南人潜在的心理焦虑，总是渴望摆脱所谓“文化沙漠”的帽子，总是渴望得到内地或外界的广泛认可。

但我想，现在可能是我们告别这样一种根深蒂固的心态的时候了。必须重新思考什么是“快”？什么是“慢”？什么是先进？什么是落后？

从某种意义上来讲，我们现在的语境不一样了，现在面临的问题也都不一样了。那个所谓的现代文化——我们在二十世纪八十年代一直梦寐以求的，一直追求的，一直想要融入其中的所谓现代文化，包括现代的生活方式，那种“快”的文化，已经遭遇到危机了，近了说在内地，远了说它在世界范围已经出现了危机，它表现在政治的、经济的还有文化的各个方面。今年内地多个城市深陷雾霾，发展越“快”的城市越容易受害，于是内地尤其是北方一二线城市的人们挤着往海南跑，这就是一个很好的象征。你问问他们什么叫先进文化？

从这个角度上来讲，原来那个被以内地为代表的所谓现代文化认为是落后的海南文化，里面其实蕴藏着某种非常先进的东西，这取决于我们怎么看，取决于我们有什么样的价值视野。自然、原生态的文明，慢节奏的市民生活，不尚竞争却崇尚传统的生活观念都隐含着超越现代文化的更先进的文化因素。对文化创造来说，这也是我们最可珍视的文化资源。从这个意义上说，如果我们善加利用与开发，我们的“慢”就可能转化为“快”。

现在的问题不是我们要拼命去追赶别人的“快”，而是如何把我们的“慢”转化为别样的“快”，这种慢生活的内部所蕴含的革命性的潜能如能发挥出来，就有可能引领新的文化方向。从历史上看，从二十世纪初，在中国遭遇千年未有之大变局，很多人都恨不得快速追赶欧美先进文明的时候，严复、梁启超、章太炎、鲁迅这些眼界卓越之人却对西方现代文明保持了一分清醒，他们普遍都有这样一个意识，我们中国文明可能面临着问题甚至困难，但是与此同时西方现代文明也已经开始出现了危机，那么我们还要不要跟着亦步亦趋地去追？其实，后来我们选择社会主义道路，和这种认识有深刻的逻辑关联。那就是不能再走西方的老路，而要后发超越。

从这个意义上我们再来重新检讨我们的快慢文化观，我们还有必要再亦步亦趋地去追赶内地的先进文化吗？可能在某些方面我们已经拥有了超越它的文化资源，我们却还没有充分地意识到。而没有新的文化视野，也就没有真正的新的文化，也就只能端着金碗要饭吃。

在某种意义上，海南其实有着非常独特和得天独厚的地缘条件与历史传统。从历史上来看。近现代以来，海南受到现代文化的影响，包括激进的现代运动，相对来讲要浅一点，这种影响力量到海南基本上就是强弩之末了。所以海南所保留的传统中国生活方式和文化观念相对来说比较完整一些，很大程度上，海南本土人士仍然按照本土的生活方式、生活节奏和理念来生活，比如生态观念、家族社群观念和民间宗教习俗等皆自成一体。这个和内地不一样，内地即使那些文化传统积淀非常厚重的省份，外表上看起来似乎还是很好的，但是内里可能已经受到了严重的侵蚀。所以，对比之下，就可以看出在海南慢节奏的文化发展下面，有它固执和顽强的文化持守。这是它非常可贵的地方，为独特的文化发展留下了种子。

当然，这样的种子不会自动发芽成长，需要有意地培育，除了前面提到的文化视野外，也还要对外面的有益文化滋养多加吸收和善加吸纳，这并不矛盾。我们决不能走向另外一个极端，关起门来满足于天赋的资源而不思进取。外面的文化不必迷信，但毕竟积攒下了可资利用的财富。只有在吸收的前提之上，我们才可能有新的发现、新的创造。大量的从内地过来的移民，以及网络时代的信息交流的便捷，都为我们提供了条件。

海南凸显出它的特殊性来了。人类历史的文化发展也是“风水轮流转”，从全球史的角度看是如此，从中国史的角度看更是如此，每当中国文化的最本质的东西，它的价值内核失去的时候，当它的整体活力降低的时候，就会出现文化格局的调整和重心的转移，它会到边缘地区去寻找重新激活传统的契机，所谓礼失求诸野。中国地域广阔，文化多样性丰富，东方不亮西方亮。现在当中国文化面临转型的时候，海南可能应该扮演新的角色了，这种可能性是和它独特的自然禀赋和地缘优势分不开的，关键看我们怎么去把握。

关于海南文艺的“绿色崛起”

——在“科学发展、绿色崛起与海南文学艺术研讨会”上的发言

刚才听了大家的发言，我觉得很受启发，但是有一个特点，刚才的几位发言都是从某一艺术门类来看，大家可能对“科学发展、绿色崛起”怎么样作为一个文艺理论的命题来进入有那么一点小小的心理障碍，但是我觉得这是一个非常重要的理论命题，它和我们海南文艺发展是息息相关的，就是海南文艺其实说白了就要在这个领域做文章，当然这个具体表述我们可以再探讨，所以我还是想冒险，进入这个理论话题。当然刚才几位讲的也都带出来了，也就是什么是“科学发展、绿色崛起”，作为一个文艺理论的命题，其实最重要的就是我们要创造一个关于艺术的新的理解，关于生活的新的理念，这是最重要的。

在这里我们考虑一个问题：什么叫作艺术尺度的先进和落后？“新时期”以来，在海南，大家可能心理上总有那么点不自信，总是习惯于谦卑地面对内地或者世界范围内所谓的先进的文艺理论或文艺创作潮流，他们所提出的一系列的规范和标准。面对这些，

我们总是不自信的，我们总是希望我们的创作能获得他们的认可，这是一个根深蒂固的心态。但是现在看起来，什么是先进？什么是落后？我们要重新考量。在二十世纪八十年代以前，我们认为吃肉是好的，但是现在吃玉米饼子是好的，你能说哪个先进吗？从某种意义上讲，我们现在的语境不一样了，我们现在面临的问题也都不一样了。其实，那个所谓的现代文化，我们在二十世纪八十年代一直梦寐以求的，一直追求的，一直想要融入其中的所谓现代文化，某种意义上已经遭遇到危机了，近了说在内地，远了说它在世界范围已经出现了危机，它表现在政治的、经济的还有文化的各个方面。当然它有好的东西，那个我们另当别论。所以从这个角度上讲，原来那个被以内地为代表的所谓现代文化认为是落后的海南文化，现在看起来其实它里面有某种非常先进的东西，所以这取决于我们怎么看，取决于我们用什么样的视野去看。当然，没有所谓真正的自然、原生态的文明，这个刚才大家也都提到了，这得取决于我们的视野，我们怎么把这种生活内部所蕴涵的革命性的、批判性的潜能发挥出来，这需要艺术家有心的关怀才行。其实，我们回过头来，从二十世纪初看一下，在那个时候，像严复、梁启超、章太炎、鲁迅他们这些人，他们那时候怎么看西方现代文明，包括梁启超的《欧游心影录》、鲁迅的《摩罗诗力说》《文化偏至论》，等等。你看那个时候，大家都有这样的一个意识，就是我们中国文明可能面临着问题甚至困难了，但与此同时西方现代文明也已经开始出现问题了，那么我们还要不要跟着亦步亦趋地去追？其实，后来我们选择社会主义道路等，和这种认识在理论上、逻辑上是有关联的，我们要快一步超到前面去，而不是说再走资本主义的老路。所以从这个意义上我们现在再重新检讨我们的艺术观，我们还有必要再亦步亦趋地去学习那个内地正在流行的什么样的所谓最先进的艺术标准吗？我觉得我们完全可以超越它，其实我们可能在某些方面已经超越它，只是我们不知道。这就是一个观念问题，如果自己老觉得海南是相对于内地的一个偏远的岛屿，我们自己就是落后的，我们现在仍然是要接受这样一个被启蒙的地位，那么，你在这个所谓现代艺术的总的框架里面达到了再高的水平都是二流。我觉得这是一个很重要的问题，当然我不是说我们就不要学习，不需要了解别人正在做什么，而是说我们不再把它奉为圭臬，不再把它奉为一个神圣的标准，不再迷信它。所以，如果有这样的关怀在艺术表现里面，我们就会出现新的因素，我们就会有新的理念，就像韩少功写的《山南水北》，他写的这个题材其实并不新鲜，但是因为他的理念是完全与众不同的，他一下子就超了现代，一下子就进入了一个全新的理念，那里面科学就不再是科学，科学恰恰是现代最大的一个迷信，乡土也不再意味着落后，乡土可能恰恰意味着对现代生活的一个克服。那么，在这个意义上，海南艺术其实有这样的得天独厚的条件。

另外一个问题就是说我们怎么来面对所谓吸纳和创造的关系，所谓"绿色崛起"恐怕不是说得那么轻松的一个问题。我们关起门来说自己是先进的，说自己是特殊性的，然后我们就可以另立门派，我不是这个意思。而是说我们的确要了解传统，要对别人正在干什么都清楚。在这个前提之上，我们才可能有新的发现、新的创造，我们才可能有新鲜的艺术的表达，但是前提是我们不迷信。其实这一二十来年，大量的携带着各种各样的文艺理念的从内地过来的移民，他们某种程度上是别有怀抱。他们想到海南来创造一点新鲜的东西，他们对内地正在做什么其实是了解的，某种程度上也是不满的，当然也有着各种各样现实的原因。但总的来说，我觉得大家到海南来可能是想利用这种天高皇帝远、思想束缚较少同时也具有更大的自由施展空间的这样一个地方，来实现一点新的想法。你能说他们对外面的东西不了解吗？也不是。

但是我们更重要的是要创造一点东西，我觉得文艺理论批评协会，其实就是回应了这样的一个要求，其实那么多年积攒的一个势能，要求有这么一个平台，我们要完成这样的一个心愿，而不是把我们岛内的作品吹捧一下，提几个口号，时不时开几个研讨会，活跃一下表面的气氛，那这个格局就太小了。我相信，李主席他们今天设计这样一个题目，恐怕也是有这样一个潜在的想法。

最后一点，我想谈的是所谓的艺术绝对不仅仅是自己关起门来搞一点小情小调的东西，其实好的艺术永远都是打开一个我们对未来生活的想象空间，总是让我们保持对现代生活一种批判性的敏感。我们想借由艺术眺望未来的生活，另类的一个生活，“生活在别处”的一个生活，而这样一个东西是率先在艺术领域里面得到表达的。二十世纪八十年代有几个西方的理论家为我们津津乐道，包括像马尔库塞的“审美之维”，那里面说艺术是什么，艺术是改造人的潜意识结构来实现社会变革。如果抽离了二十世纪八十年代那个理论脉络，我们现在再重新赋予意义的话，我们可以说艺术它是要借由那种看似非常技术化的笔墨也好，小说艺术也好，叙述结构也好，其实是实现对美好生活的一种想象。所以我们的古典哲人在谈艺术的时候，从来都是把美和善放在一起的，这是有道理的。海南某种意义上有好的生活，这种好的生活一直是被压抑着，没有合法性，没有获得艺术的表达。什么是生活的真正的合法性，它不是政治的合法性，甚至也不是道德的合法性，而是美的合法性，最高的合法性是美的合法性。什么东西如果一旦在美的领域获得了合法地位，那么它就是坚不可摧的，因为它已经进入了你的潜意识结构，已经进入到你的肉体感觉里面和经验结构的最深层了，这个东西其实是未来现实变革最深的动力源泉。这是海南艺术家应该有的最大的抱负，当然，这个可能是需要走漫长的路，我们要把海南生活内部其实已经有的因素表达出来，它开始肯定是比较零散的，这需要我们将其聚拢，也需要我们用理论把它呼唤出来，甚至是创造出来，要给这种生活找到它的美学的、存在的肉身，那就是这种生活理念的美的感性显现。

刚才马良老师有提到海南岛的艺术家，其实他们有这样的一个传统，你能说他们都是完全不自觉的吗？他们对海南生活的观照仅仅是一个艺术问题吗？我觉得这些问题都需要我们重新考量，如果我们一旦形成了一个宏大的视野，对现代文化，对全球范围正在进行的社会进程，有一个批判性的敏感，那么我们的艺术就能达到一个更高的境界，海南的文学理论批评，包括海南的文艺创作，那就不仅仅是属于海南了。当然这个梦想还是比较高远一点，我们要敢想，然后实践到什么程度，这个要看历史的机缘。所以在这个意义上，我们要感谢文联给我们成立这样的一个协会，搭建这样的一个平台，下一步就要看我们自己的努力了。

第四辑

什么才是真正的“车祸”？

——评胡彬长篇小说《车祸》

《车祸》是一部多义的小说。我们首先可能会注意到，这部小说以“汽车”为中心，揭示了现代人被物化的生存境遇。汽车本是人的创造物，现在却异化成一个控制人的怪物。所谓现代文明，正在成为一个对人类的诅咒。而且，汽车所代表的现代生活，正在挤压心灵的丰富性，越来越走向失控的欲望释放。从这个意义上说，汽车，是这个时代最恰如其分的象征：它既是工业化、商业化的产品，同时，它本身就是欲望化的。正如波德里亚所说，汽车是现代社会的“阳具”，它隐喻着出轨的情欲。小说所展现的正是一个充满纵欲气息的消费时代。

小说中也不乏欲望化的场景，虽然其中可能有增加可读性的考虑，但却准确地抓住了欲望与汽车之间的内在联系。在小说中，汽车所代表的现代生活逻辑释放、激发出人性中的虚荣、自私、冷漠、残忍与愚蠢，导致了普遍的道德与精神的堕落。小说漫画式地展示了进入汽车时代的中国社会的某一种精神面目，呈现了非常有特色的中国汽车时代的生活场景。

于是，有人会问，这是否太夸大其词了？

过于坐实的理解可能是个误会。因为《车祸》本就是一篇象征化的寓言式小说，它既是写实的，也是荒诞不经的。

而且，上文对小说的分析并不是这篇小说要表达的重心，所以说，那些所谓对人性异化的批判只是一个进入正文之前的小小的铺垫。如果我们过于注重这些内容，则可能忽略了它所暗含的更为宏大的现实关切和批判性指向。

尽管作者可能并未明确地意识到，但他感性的文字，却正是对中国现代化道路的反思与质疑。这是这部小说真正发人深省之处。

汽车，曾负载着中国对"现代化"的想象，是一个现代梦想的凝缩式象征。似乎可以借此抵达高度发达甚至自由与民主的彼岸。但随着现代化历史逻辑的真实展开，当初对它的玫瑰色想象褪色了。"车祸"（现代化之祸）触目惊心地呈现出来。小说讲述了被这场巨大的"车祸"所吞噬的命运悲剧。它也以一种隐喻的方式讲述着中国汽车产业所暗藏的危机：短期利益的诱惑与深远沉重的代价。在更广泛的意义上，小说隐约呈现了围绕着"汽车"进行着的"全球化"时期的权力控制关系——既包括国内以"汽车"谋利的庞大社会集团对"社会"的剥夺，也包括建立在国际经济、政治不平等基础上的掠夺。这些内容事实上构成了这部小说潜在的表达。

胡彬还以他特有的辛辣幽默扯掉了那些以汽车为身份标志的"上等人"的优雅面纱，暴露出中国"精英阶层"的真实面目。

胡彬当然不是泛泛地批判一般拥有汽车的人，而是借汽车讽刺了那个代表了中国社会的精英阶层。胡彬表达了对这一阶层的深刻失望。在小说中，这是一个道德粗鄙、自私狭隘、精神境界低下的阶层。他们的自我膨胀与低下无能形成尖锐对比。小说中的有些段落让人印象深刻，比如那个闹剧一样的“汽车节”，比如书中多次写到的“车主”们对民众生命权利的漠视。这是一个完全没有道德感和责任感的阶层!

当然，我们可以对胡彬的看似偏执的看法有所保留，但不得不承认，他的发现，他的忧虑，触摸到了中国社会的某些根本性的症结。正是在这里，《车祸》不期然间亮出了它尖利的批判性锋芒，于是，我们才看到，在看似好玩的调侃下面其实潜伏着胡彬郑重的现实激情。

这的确是让人心惊的现实。在一个政治、经济、文化冲突再度激化的所谓全球化时代，中国的民族生存要求一个视野远大、政治成熟的主导性社会阶层。而我们在二十世纪八十年代以来所呼唤的“中产阶级”却是一副怎样的面目？不过是一群缺乏社会理想、道德感与责任感缺失的、政治与文化上的双重庸人。在胡彬看来，正是在这里，隐伏着中国的危机。中国社会财富的增长，国际经济地位的上升，如果不伴随着一个有担当、有政治能力、视野开阔的精英阶层的崛起，那么，它作为大国的崛起是值得怀疑的。

或许，在胡彬看来，这才是真正的民族危机之所在，这才是真正的“车祸”!

因为这一背景，“四哥”这个人物值得注意。他也是这个“社会精英”团体的一员，也靠汽车谋利，但是他有自己的道德原则，而且，最可贵的是，他具有反省意识。虽然也有与时代风气的妥协与共谋，但他和“那些人”终归不一样。某种内在的勇气与良知，使他成为一个不彻底的英雄。但是，他的遇害表明，即使这样有限度的批判性声音也终于被这个强大的精英阶层或现实逻辑毫无声息地抹去了。这种情节安排或许传达了胡彬的某种悲观态度。

小掌故与大历史

——读伍立杨《读史的侧翼：打捞历史的碎片》

初读之下，读者或许会被这本书的精彩掌故、古雅文字所吸引，书中充满令人兴味盎然的野史逸闻。该书作者伍立杨旁涉中外古今，随意点染，显示了令人赞叹的博学，而他平易古朴的文字也隐约透露出一位“古文家”的功底，在这个时代能见到这样醇厚的文字，颇让人惊异。

但是，如果你慢慢读下去，就会收起这份闲适的欣赏态度，不禁肃衣敛容，随着他的文字心潮涌动，不由地时而血脉贲张，时而扼腕感叹。

小掌故背后有着大历史！

在阅读中，我们会不由生出深深敬意，对历史，更对一个个在文字中站立起来的人物，他们既有传统的担当，又具有真正的现代精神，二者的融合造就了民族的脊梁。

这部书谈民国旧事，伍立杨最集中描述的，也是给人印象最深的几类人物，主要是辛亥前后的革命家、抗战时期的军人与具备深沉文化责任感和历史责任感的文化人，这其中既有人人尽知的大人物，也有鲜为人知的仁人志士与普通军官。这几类人物在基本品质上是共通的，都是既流淌着高贵的传统血液，又兼具现代民主自由之魂魄，以天下苍生为念，充满血性的好男儿形象。这种大智大勇或许在那些既是文人又是刺客的革命党人身上得到了完美的体现。但伍立杨赞美的绝非单纯的“清洁的精神”和血气之勇，而是在大时代的转折处清醒地担承历史命运的宏远追求，不惜以最后的暴力甚至以自我牺牲为代价，试图去终结千年专制的暴力历史，以一腔热血灌溉真正的“民国”。在这些人物的人格光辉烛照下，所有的历史人物都清晰地获得了精神、人格的品级和历史位置。这部书中，这些脊梁式人物，不管有名无名，构成了绝对的历史的与人的尺度。

伍立杨臧否人物，情感分明，同时他的社会政治哲学的尺度也是清晰的，正因如此，他对顾念大局、毫无一己之私、为推进共和与民主、思虑宏远的孙中山敬服之至，也对汲汲私权、心智低贱的袁世凯之辈不屑一顾。另外，他也不赞同那些以种种乌托邦方案为目标，其实导致人间灾难的激进追求。在他眼里，民国初期革命党人的暴力、暗杀与牺牲和这种乌托邦情结无关。他在书中刻意强调了革命党人的理想主义与“激进”行动的历史、思想背景与特殊历史性质，作为潜在的对比，他激烈批判了日本赤军、波尔布特等。不难看出，伍立杨把自己的目光集中在辛亥前后这一段历史是有特殊用意的，他事实上通过这种方式把此前此后的历史全纳进来了，不是吗？

《读史的侧翼：打捞历史的碎片》和僵硬的史书不同，它在形式上由真实而精彩的历史掌故和小故事构成，读来令人感觉面目亲切。既云打捞历史碎片，就暗含了小处着眼的意思，但更重要的，伍立杨是要借小故事重述大历史。所谓历史的碎片，反讽式的质疑、批判了种种体系化的堂皇论述，“碎片”既是对这种虚假历史的破碎与瓦解，也是以自己的所谓碎片去重新整合全新的历史图景。其实，这些碎片正是意识形态和种种乡愿的历史论述所刻意剔除和抹去的。让这些没有机会说话的碎片重新发言，自然会带出另一种真实。

所以，他刻意钩沉、打捞的是何种历史碎片其实大可玩味。他打捞的热情绝非出于闲逸的情怀，而是要绕过经院式的烦琐、乡愿的历史见解，直达历史的核心。这里面隐含着伍立杨的不凡史识，也潜藏着他恃才傲物的自信。正因这一点，我们才可以体会书中他对唐德刚的赞叹，其中似乎隐约带有英雄相惜的意味。“在唐先生手上，可谓变掌故学为历史学。……荆棘野卉乱花迷眼，倘无系统的眼光、博大的史识加以去芜存菁、升华利用，则颇多掌故也唯有‘不才明主弃’，流于自生自灭一途，而唐先生的史论、掌故运用之精妙。热门掌故赋予新意，冷落者他也细加推求，至位置经营找到落点，令人顿生非它莫属之感。”这不也正是伍立杨本人的追求吗？

但在掌故的选择与组织之外，我更看重伍立杨对掌故的解释，这其实是最能体现伍立杨才华的地方。

伍立杨虽把浓墨重彩给了追求民主共和的革命党和死于国难的军人，却有意地突显了他们身上文化人的一面，这使他们的壮烈别具一种悲剧性崇高的意味。他要强调的更侧重于文化人格传承的一面。“可惊的就是辛亥革命前后的民党，以标准的文人（知识分子、各类专家、读书人）慨然舍身为社会用，投身暴动狙击，而在学术、著述同时潜以尚武精神、民族主义，一一振起而发挥之，杀身成仁，感动民气，起炎黄之血祀，振汉唐之声威。古之工文词者未必皆英雄，而古之英雄未有不工文词者。”“民党革命家，要皆为知识分子，而且是第一流的知识分子。”这层意思在他对那些不与专制力量妥协、保持内心操守与人格尊严的知识分子的描述中，体现得更为分明。而在这种书写中，我们不难体会伍立杨对当下士林的绝望和厌弃。在他看来，文化传承的危机，才是这个时代真正的危机。“任何现代类型的民主与法治，任何将欲刷新政治的表现，任何改革的大手笔，若失却了本民族丰厚的人文精神去滋养发荣，必将以缺乏精神养料和成长基础而归于夭折。文化香火一旦彻底断灭，进而沦于无道德、无信仰、无文化的惨境，转以拍胸捋袖以大老粗相炫示威，则该民族铩羽折损的末日也就必为期不远。”

这是对这个时代和所谓知识分子的有力警醒。

如何书写中国现实?

——由梅国云小说《拐卖》谈起

我想以《拐卖》这部小说谈谈当下中国小说写作的某个普遍性问题。

大家也在讨论文学怎么书写中国现实，怎么讲述中国故事，但是，大家都发现，这当中遇到了很大的障碍。大家都知道，二十一世纪以来，兴起了底层写作的潮流，那是对现实问题硬碰硬的切入。可是，这样的一种对现实的批判性的介入，很容易遭遇到意识形态的一些敏感区域。而且，还存在着另一种困难，即在当下我们已经不太容易用“革命”或“社会主义道路”的历史遗产作为另类现实的出路，面对现实的书写总是找不到立足点。

所以，所谓底层写作只能往两个方向走，一个方向是主旋律化。主旋律一直都有，但是，在“底层”之后的主旋律化分明就是对底层小说所暴露出来的问题进行主流意识形态化的解释和想象性的解决。另外一个方向就是所谓“美学的脱身术”——这是陈晓明教授提出来的概念，当然，他是作为一个正面的美学策略提出来的，可是我对此却颇不以为然。所谓的“美学的脱身术”就是借底层的苦难的由头，表达“纯文学”的主题，那些超出我们想象的底层命运，那千奇百怪近于魔幻的真实生活，那些挑战极限的生存忍耐力，都转化为能够激发当代作家文学想象力的资源——事实上，它们已经超越了作家贫弱的想象力。于是，借助于底层苦难的外壳，当代文学重新展开了欲望化叙事的生动场景，祭起了虚伪的展示人性的神圣旗帜。这也是许多著名作家涉足所谓底层写作的原因。底层苦难，只不过是展开“纯文学”想象的一个由头，甚至是挽救“纯文学”日渐枯竭的想象力的一根稻草罢了。

对于二十世纪九十年代以来的中国，我们一方面见证了它的快速发展，另一方面也目睹了凶猛的市场经济近乎野蛮的力量，社会保护性的对冲或自卫力量空前弱小，我们已经不再能够从某种社会方案的远景或道德理想中汲取力量，我们深深地陷入了一种无力感和挫折感。于是，我们已经不再可能写作充满力量的小说，也不能提供一种总体化的社会图景。我们左右为难，往左走，我们自己觉得革命的遗产并不是那么可以让我们信赖，革命被扭曲后的负面后果让我们心有余悸；往右走，更无法对现实做出美学的诊断，只能产生“美学的脱身术”。

所以，《拐卖》既显示了写作的困境，也显示了突破这种困境的某种隐约的可能性，尽管《拐卖》远没有达到我们理想的目标。这部小说在故事上、人物上、艺术构架上当然有许多瑕疵，但是，它也显示了某种另外的可能性。这种可能性是什么东西呢？那就是它通过一个事件线索和故事契机，试图把中国当代的表象带出来，尽管它是破碎化的。这些表象是任何的主流意识形态，或者是“美学的脱身术”所难以消化的，像河流中的坚硬的石头一样，故事的流动消化不了它，作者故意把难以消化的现实作为一个问题放在这儿，不加处理。我觉得这是一个非常有趣的策略。这种美学策略，近年来我在很多艺术作品里经常看到，比如说一些通俗性的作品，像 2007 年赵本山演的一部电影《落叶归根》，虽然那个电影拍得很糟糕，但是，它试图通过一个荒诞不经的故事，通过主人公返乡的沿途所见，把当代生活的荒诞性凸显出来，可是，它只看，却不加解释，甚至对悲剧性的事件加以反讽式的戏谑化处理以减弱它的尖锐性。通过这种方式，它有效悬置了判断的难度，也回避了意识形态的压力，从而实现了某种“写作的零度”。大家都知道，这个概念来自罗兰·巴特，按照巴特的意思，“写作的零度”是要终止主流的资产阶级意识形态，我们一讲故事马上就落入了圈套，所以，我们干脆只呈现破碎的东西，不呈现整体。

现在可以看看《拐卖》这个小说有意思的地方。与其说这个小说写了“拐卖”，不如说是借拐卖事件串联起了当代生活的表象体系，并且从 1978 年贯穿到二十一世纪，这里黄赌毒都有了，呈现了一个丛林世界的残酷场景。所以，我们不能够把小说局限在一个行业题材，或者是打拐题材，只是反映了所谓妇女儿童问题，它显然有更高的用意。但是，小说所呈现的种种现实表象并没有被解释，甚至彼此的关联也比较松散。和其他的许多小说家一样，在讲述中国问题的时候，他们遭遇到了困难，我们不知道该怎么理解，怎么表述，不知道怎么判断。我觉得这样叙事的优点在这儿，缺点也是在这儿。优点是把这些不能被我们的主流观念所消化、所克服的东西，尖锐地放在这里，它做出了呈现和指认。缺点就是连自己也没有办法消化掉，于是，小说在叙述上陷入了芜杂和混乱。这似乎也怪不了作家，现在似乎还没有提供清晰判断历史的可能性。

当然，作者也给了一些方案，比如佛教式的解脱，若水这个具有神性的人物，显然是作为当代社会危机的拯救者出现的。这让我想起二十世纪七十年代末，当时经过“文革”，中国作家也要理解现实，理解二十世纪六七十年代，尤其是“文革”以及时代的被扭曲是怎么造成的。于是当时就出现了一部小说《晚霞消失的时候》，它也是只把问题放在那里，无法理解和解决，最后只能走向了佛教。若水这个人也是这样，宗教力量的介入，说明作者无力把握现实，只能给出一个救世的虚幻暗示，这是作者本人也不相信的。可是，在现实的条件下只能给出这个东西。

一提智力上有点欠缺的小说形象的时候，我们马上进入到现代小说的一个模式化的艺术脉络，这类形象，比如阿甘和雨人，都是超越主流逻辑的，超越导致了现代危机的理性的，只有这样的人才能超越现代牢笼，他们可能是我们获救的某种力量的化身。这个小说显然也给出了这样的暗示，进行了这样的寄托。这样的处理，使得故事在面目上不是那么极端，尤其是后面的大团圆结局，适应了社会正义的要求。可以理解，但却不再具有“写作的零度”的尖锐性。不管怎样，这部小说，面对二十世纪九十年代以来不断深化的现实危机，以及这场危机在伦理道德、人际关系方面造成的巨大后果，还是试图进行某种全面的表象呈现，这使它不同于一个单纯写“拐卖”的小说。实际上，“拐卖”题材的作品这几年很多，有些电影作品大家都很熟悉。这部小说显然是要超越于司法事件，把中国的角角落落都纳入进来，从这个意义上说，这是个非常有趣的尝试。通过这种破碎的形式，小说曲折地书写了中国现实，并且对中国现实所处的历史阶段和它的某种性质进行了隐约的判断。

“遇见”八十年代

从小说艺术的角度来看，《遇见》还是存在着一些问题，也许并不能算作是一部很成功的小说。但是从另一个层面来说，恰恰因为它在小说技艺上的某种不成功，才使它具有了独特的意义。我们不妨看看那些当下非常著名的小说家，他们可能在技艺上非常完美，但他们的小说却又非常空洞乏味。小说就像河流一样，王艳梅的小说充满着一种近乎盲目的激情，它不是沿着一条河道在流淌，而是在不断地焦灼地夺路而出，它试图寻找和创造一条属于她自己的河道。而有些专业作家或著名作家，尽管具有非常漂亮的堤岸，却没有水，这是非常可怕的。我们读王艳梅的小说，可以明显感受到某种叙述的焦虑，她始终都没有找到完美的叙述的形式，或者说，王艳梅没有找到处理自己经验的最有效的方法。所以我们看到，王艳梅不断地调整姿态，试图找到属于自己的讲述的方式，但是始终都没有找到。从这个意义上说，《遇见》并不是一部成熟的小说，与其说它是一部小说，不如说它是一份始终在寻找小说的记录，甚至是一个失败的记录。但是，我要指出的是，这部小说的意义也正在于此。

为什么这样说?

因为王艳梅要处理的是复杂矛盾的“八十年代经验”，而且是以她独特的姿态，她要把自己作为一个主体，纠缠到和时代的关系里面去。这是一种巨大的难度。那么问题就来了，二十世纪八十年代的经验到底是一种什么样的经验，我们为什么难以讲述，从而被迫以一种失败的形式去把握它。

不可否认，二十世纪八十年代的确是一个具有巨大解放性的时代，但是我们往往忽略了这种解放性的一个隐秘来源，那就是它所暗中继承的六十年代的革命经验。当1968年左右那场冲击旧体制的运动失败以后，二十世纪七十年代演变为一个非常平庸和控制化的时代，甚至走向变本加厉的专断与沉闷的压抑。但是在这个过程之中，仍然延续着革命精神和批判力量。这正是我们在知青那一代人身上，在所谓“新思潮”里面看到的某种气质。而这样的一种激情和思想动力在二十世纪七十年代至八十年代初慢慢发生了形式与内容的转化，它们要夺路而出，从西方现代性的思想文化资源里面，去寻找对旧的“社会主义体制”或历史实践的批判的灵感。他们把旧有的社会理想，投射到作为遥远彼岸的像美国或“西方”这样的对象上去。我们不要认为二十世纪七八十年代的年轻人追求的是真实的美国式的生活，他们追求的只是一个以美国为象征的未来世界。而这，正是革命年代的一个回声与呼应。

在这个意义上，二十世纪八十年代是一个充满了解放性、暧昧性和可能性的时代。那个时代的知识分子，包括二十世纪五十年代和六十年代出生的知识分子，他们主观上是要挑战所谓的主流体制，但是实际上他们要挑战的是一个二十世纪七十年代以后逐渐形成的一个新型的体制，虽然在形式上它继承了旧有的社会控制的模式和政治构架。然而，这个复杂的二十世纪八十年代并没有获得有效的阐释，更没有出现与这种丰富性相称的文学书写。这样的一个年代，后来不断地被新型主流意识形态所缩减。二十世纪八十年代以来的主流文学，就体现为这么一个意识形态书写的典型症状。

“60后”的一代人，是非常特殊的，他们不同于二十世纪五十年代出生的知青一代以及更老些的“右派”那一代人。他们的特殊性在于，他们是革命的遗腹子。之所以说是遗腹子，是指他们没有直接参与“继续革命”的经验，他们不是“知青”或“红卫兵”。他们也没有作为历史主体承受来自“革命”的创伤。但是，他们的精神结构却深深地打上了革命年代的烙印。另一方面，他们直接面对的恰恰又是失败的革命遗产，这样一种深刻的精神矛盾贯穿了他们二十世纪八十年代的个体生命史。也就是说，那些看似个体意义上的精神创伤与内心挣扎，往往具有某种隐秘的社会历史的根源。事实上，我们之所以爱看这部小说，恰恰是因为它相当生动而粗糙地呈现了这种历史的关联，那些青春期的个人鲜活经验与关于利比多的故事，与那个泥沙俱下的狂歌猛进的时代的命运获得了共振。

那代人的精神结构，是高度复杂的，也是高度悖论式的。他们所意识到的历史内容和他们从事的实践所具有的真实历史意义是“不一样的。这样的一种矛盾式的结构”，可能只适合用小说来呈现。我在《遇见》中恍惚间似曾与之“遇见”而又失之交臂，这让人怅然若失。这似乎也怪不得王艳梅，某种意义上，是我们当下书写二十世纪八十年代的历史条件可能还没有形成。但是，毕竟王艳梅的小说试图去触及这个时代了，我们在阅读中也能分明地感受到那种表达的焦虑和冲动，以及相伴而来的那种近乎泛滥的情感和饱满的体验。作者被这种激情压垮了。

尽管如此，我仍然觉得这部小说非常吸引人，它充满了紧张感，充满着生命的强度。这是当代的那些技艺高超的专业作家们所不能带给我们的阅读体验。在我看来，这或许和作者的身份有很重要的关系。

作者王艳梅有四重身份。“闯海人”“音乐人”“女性”以及“小说新手”。

第一个身份：闯海人。我们在小说里面看到，王艳梅一直在强调海南岛对叙事人的意义。正如上文所说，二十世纪六十年代的革命之后，社会进入了一个非常保守和压抑的新秩序。在这个新时代，革命已经被祛魅。那么我们怎样去寻找对现存秩序的摆脱呢？已经没有未来远景，已经没有一个想象性的彼岸，已经没有一套革命的思想资源做支持。二十世纪八十年代初期的，那种现代性的，资产阶级现代性的资源，似乎也已经都不太好使了，怎么办？

我们唯一能想到的是一个在水平位置上的平移，那就是“走异路”或到异地去。我们去一个新异的地方，去哪里？海南岛。当时新成立的海南省，负载了那么多的我们摆脱体制的想象。当然我们不排除有各种各样的现实的世俗生活上的目的。但不可否认，这种理想性的因素是存在的。

另外一个身份：音乐人。音乐人为什么特殊？一方面，她有着非常敏锐的感性；另一方面，二十世纪八十年代是一个需要新感性的时代。我们知道，“新感性”（newsensibility），是二十世纪六十年代由马尔库塞创造的，所谓新感性，就是在挑战外在秩序受挫的时候，进行迂回，在内心创造一种崭新的本能结构，从而去颠覆那个支持社会现实的潜在的观念秩序。

当时就有这样一个理论依据，就是要创造新的本能和感性，其中蕴藏着对现实秩序的不满与抗议，本能领域与外面世界的社会革命就这样曲折地建立了联系。所以二十世纪六十年代法国巴黎与美国伯克利的大学生在造资产阶级反的时候，他们在生活风格的意义上也在改变。某种意义上，二十世纪八十年代的中国也在发生这样的文化运动，也是在大学校园里，但主要是在艺术院校，就像小说中四川音乐学院这样的地方。当然更典型的是美术院校。事实上，二十世纪八十年代前期的艺术院校里面的新感性，就是风起云涌的二十世纪六十年代的余波和回响。所以这部小说所表现的二十世纪八十年代音乐院校青年学生的个人生活史和精神蜕变轨迹就显得格外意味深长。

谈到个人生活经验就要谈到作者的第三个身份：女性。在我看来，如果一个作者能够真正忠实于自己的生命经验，其实是可以获得某种对各种各样宏大话语和意识形态陈规的免疫力的。当然，意识形态话语总是先验地塑造、修改我们的记忆与经验，但是，我仍然认为，在如何忠实地处理身体经验和内心经验上，女性作者更有其优势，她们获得了沿着意识形态切线逃逸的某种可能性。切线的意思就是她不可能彻底摆脱，但是却一直存在着这样一种摆脱的趋向和可能性，从而表现出一种有意味的紧张感。《遇见》是一部自传式的小说，其中有大量的个人生活的影子，但我并不在个人生活的意义上来理解小说主人公的成长经历和心灵的痛苦，在某种意义上，它是讲述二十世纪八十年代生活的一个方法。

最后一个身份：文学新手。这个毋庸讳言，王艳梅以前没有写过小说，这在某种意义上是好事，没写过小说她就不会犯那些主流的所谓成熟作家的毛病。那些人的毛病是什么？他们的毛病就是太会写！一写就沿着那个固定的道路走。小说技术并不是中性的，它本身也具有意识形态性。就是说，你沿着哪种模式讲故事，也就意味着你能讲出什么样的故事来。王艳梅以前没写过小说，她也不知道主流的文学史已经形成哪些陈规惯例甚至是禁区。结果，她反倒不会受这种小说技术体系背后的那一套观念的约束。

但是话说回来，坏处也在这里，她也为此付出了代价。

这是我认为非常重要的四个身份，这也就注定了对于二十世纪八十年代的具有反省意味的书写，可能会在像王艳梅这样的作者的笔下率先开始。而那么多训练有素的专业作家，却不太可能真正认真地触及这个时代。如果说以后王艳梅还想继续写下去的话，我希望她能够有更深入的思考，对个人经验的历史性有更深刻的领会。

创造世界的方法

——序李孟伦《创世记》

这是李孟伦的第三部诗集了。他嘱我写序，让我颇感惶恐，一则是我自感没有给他人著作尤其是诗集写序的资格，事实上这也是我第一次为他人作序。二则是我也生怕自己的一孔之见缩减了李孟伦诗歌的丰富意义。或许他找我作序的唯一理由是因为我是少数当代海南诗歌认真的阅读者之一吧。

李孟伦无论是做人还是写诗都比较低调，也很少参与海南与全国的诗歌活动，性格沉静的他给人以独来独往的神秘感，这和当代诗人经常呼朋引伴、互相唱和的做派颇为不同。我想，这大概和他拥有一个极其个人化的想象世界有关，那是一个自足的、拒斥当代芜杂的世俗生活融入的空间，它是高悬于纷乱的现代社会之上的精神飞地，是一个阔大、温暖而又独属于李孟伦的世界。有了这个世界的陪伴，李孟伦可以不在意他人对其诗歌的评价，不必以外在的活动、标签来证明自己的诗人身份。这样说，不是说李孟伦耽于幻想，爱构造一个唯美、虚幻的美学乌托邦以获得心灵的安慰，不是这样。他诗中的乌托邦世界恰恰就是这个我们熟悉的世界，但在他的目光中，现实世界却成为一个意义不同的天地，具有丰盈美感的天地，他的语词以动人心魄的力量呼唤出大地深处隐匿的诗性和传统的中国人的灵魂。在这个现代化进程无坚不摧的时代，他却顽固地以李白、陶潜的目光挽留、看护着古老的中国人的“生活世界”。这个世界一方面是虚幻的，一方面却又是现实的，我们在他的诗中见到的多是他家乡海南的寻常物象，但它们已被从日常经验系统里抽取出来，注入了新的意义。这是一个美的、充满原始道义感的世界。

于是，写诗，对李孟伦来说，既是进入这个美妙世界的方式，又是他创造这个世界的方式，他的这部诗集就是他个人的创世记。

李孟伦沉溺在一个真实而又虚幻的乡土的乌托邦世界中，而最让人感动的，是他能够如此从容、适意、自然而然地和这个世界相处。我说过，他的这个乌托邦世界是从家乡风物、日常场景中自然生长出来的，在他眼里，只有一个世界，他从来没有要将这个乌托邦独立出来构成另一维度的意思，他从来没有要为现代性冲击下的中国传统乡土世界唱挽歌的企图，他有的只是要把他真实地看到、体验到的世界描摹出来的朴素而单纯的冲动。在他的诗歌中，我们一再见证李白的月光仍然照耀在中国的大地之上，在李孟伦的诗中，陶潜耕种过的土地才是中国土地的真正本质与永恒本质，在这个世界的对照之下，所谓现代生活才不过是虚幻的表象而已。

在李孟伦的笔下，经常出现李白、陶渊明、老子、孟子的名字，在诗中，他多处写到“李白的月光”，使我们恍惚之间，不知今夕何夕，他借千年不变的月光审视着当今被月光照耀的大地与山川树木，重新聆听着融在月光中的鸡鸣犬吠，感受着历经时代潮汐一再冲刷过的当代生活深处的某种不变的中国精神。正是由于这个原因，我们才容易理解，为何在诗中，李孟伦爱使用“五百年”

这样大尺度的时间概念。当然，这种传统中国的、审美化的生活情境不同于真实的历史，而是中国文人的审美创造，李孟伦又对这种创造进行了再创造。在诗中，李孟伦甚至一再表达了对古代文人的倾慕，和对这种诗意的生活态度沦落的叹惋。

如今知音无陶潜
但叹乡里童叟
行吟自主

——《云外歌声》

缝补不了太阳的诗歌
在李白抛起的月亮里
褴褛了一生
我不得不将水洗过的语言
把深邃的天空梳理
还黎明一个明净
让眼睛依然雪亮

——《致诗歌及其他》

李孟伦现在供职于新华社海南分社，采访、编写的又是有点神秘感的“内参”，按说，这种职业身份是很务实与理性的，我们相信，终日奔波于海南各市县的他一定具有丰富的社会阅历，也了解这个时代的世故，而且，这样的职业经历也使他观察到了中国乡土社会正在发生的种种变化。那么，他又何以能如此单纯地创造并处身于一个优美的中国乡土世界的幻想中呢？另外，李孟伦从中学时代的十几岁开始诗歌写作生涯，历经十余年，他始终保持着纯净、统一的自身风格，维持着一种底气十足的明亮音色，这就更让人称奇了。我不简单地认为这源于李孟伦对刻板、缺乏诗性的现代生活的反抗冲动，事实上，他基本上没有流露出反抗的焦虑与紧张——反抗的冲动会暗暗地损伤乡土世界的平和与纯净，或许，是广泛的社会阅历成就了他返璞归真的感悟，使他发现了生活的真与假的辩证法吧。

我不慌不忙地走过日月
发现孟子待过的冬天里
一间十头牛也拉不走的茅房
发黄的日子挂在发紫的门楣
闻了一辈子也闻不完的稻香
走了几代人也走不出的门槛
还在守候一个五百年的出现

——《我不慌不忙地走过日月》

李孟伦对于西方的诗学资源或多或少是轻慢的，这倒不是因为不了解，而是因为不认可，他只是对庞德等人表达了有限度的肯定，只因为他们间接地肯定了中国古典诗学传统。李孟伦有一组向这些西方诗人致敬的诗，不过，与其说他对他们作为西方大诗人，不如说对他们作为西方诗人对中国古典传统的仰慕与学习表示了敬意。

1. 庞德
在一个地铁车站
无意间看到李白的月亮
发现了中国的人面桃花
鲜活了无数个世纪

便从日落的西方走了出来
才生存到现在

2. 艾略特
有幸地从庞德的身上
借着李白的月光才
窥透时代的荒原
玉就了自己
穿过废墟的年代
烛亮西方

——《为诗人喝彩（组诗）》

不过，李孟伦的诗学资源不只是古典与传统的，他的诗中也留下了西方现代诗学观念的痕迹，他对大地万物中流转不息的生命意志的赞美，对故乡神圣母性的崇拜（他的笔下经常出现与生殖相关的母性意象），以及面对充满欲望的大自然，诗人要有“敞开肉体的门”“撕开大地的肉体”的生命冲动，都可以在尼采及西方浪漫派以来的诗学中找到渊源。

在浅浅的梦里长长呼吸
我用肉体深深地爱你

——《让我用肉体深深地爱你》

解开南方衣衫的纽扣
哪里都是欲望的陷阱
流淌着诱人的气息

——《解开南方的纽扣》

但不难发现，如果说李孟伦崇敬的诗神是多神教的，那么在这一诗神谱系中，最伟大的诗神还是中国古典诗神。

李孟伦在诗歌写作中，试图追慕的是中国古典美学风格，他的很多诗在意境上，都追求古典神韵，他也不时地化用李商隐、姜夔、晏殊、张孝祥等人的诗境，这其中带有向先贤致敬的意思。同时，他也力求在形式上追求一种传统气息，在节奏与句式上，有时可以看到他借用宋词和古风诗体的痕迹。

啼莺一声春远去
梦回昼长花飘零
堪爱堪怜人未见
雨纤风细
长帘空卷
又是秋来袖寒
回首多少伤心事
剥不开层层尘染
夜夜添上酒半瓶
怎敌天明
落得人孤零

——《长帘空卷》

月满西窗
霜上心坎
有谁知
空等闲
一袖冷暖

依附阑干
左顾右盼
门前依然
秋来花还香
曲径独徘徊

——《秋来花还香》

李孟伦再次提出了向古典诗学资源学习，并进行创新的问题，尽管现代诗学习古典是否可能、如何学法，是个新诗史上的老问题。李孟伦有意地进行了这方面的探索与实践，虽然他的实验未必多么成功，比如说他可能学习有余，而进行现代的创造不足，但这种探索值得肯定，尤其是在当代新诗遇到困境的时候。

我认为，李孟伦的诗歌写作也还有一些缺点。比如，境界还不够阔大，题材及诗意展开的方式相对单一，有时在语言上缺少锤炼，经常未经处理地沿用了日常固定化的表达，这些都是他将来需要注意的地方。不过，依他的年纪和创作热情，他的诗歌写作道路还漫长，这些枝节问题相信都会在他愈加走向诗艺成熟的过程中逐渐克服。我们有理由对李孟伦作为诗人的未来寄予期待。

我一闭上眼睛
就看见你
我一睁开眼睛
就想起你
你是我的太阳
照亮了我
照亮了自己
附丽于大地

一生一世
我枕着你
静静睡去

——《致我的诗或孩子》

李孟伦对诗歌的热爱是没有杂质的，是虔诚的。在我们这个时代，有很多诗人一再表达对诗人地位沦落的愤怒，也有很多诗人喜欢沉湎于对诗歌或诗人黄金年代的追怀之中。而我总是认为，这样的诗人作为诗人是可疑的。一个诗人，能诗意地生活不是已经足够幸福了吗？难道他还有权利企图利用诗歌得到更多吗？我想，这种情感反应正是判定一个诗人的标尺。李孟伦可能现在还没有取得了不起的诗歌成就，但他无疑是一个真正的诗人。这样的人是幸福的。我祝福他。

附：访谈与自述

海南文艺处在爆发能量的前夜

——答《海南日报》记者问

《海南日报》记者（以下简称记）：这个会议聚集了现当代的诸多学者，反映了现当代文学研究的基本情况，您觉得二十一世纪以来的这个领域研究状况如何？

刘复生（以下简称刘）：这次会议的规模在本专业是少有的，这几乎是近年来中国现当代文学界最具有广泛代表性的“武林大会”，正式代表近400人，天南海北，覆盖了几乎所有省份和地区，还包括了海外学界。众多学界同道有的来自学术研究的中心城市和前沿地区，有的来自边缘地带或中西部内陆省份，大家具有不同学术方向，分属不同门派，在学术观念和研究思路上差异巨大。毋庸讳言，有的朋友仍在坚守启蒙主义的文学信念，而有的则早就对二十世纪八十年代式的研究范式进行了自我清理和批判，而有的却正在进行着更复杂的、历史的、正反合的辩证思考，酝酿着一场学术方法的新革命。因为这次大会的代表大多没有经过刻意的约请和挑选，具备基本资质后，大多是以报名先后的次序而产生，所以非常能够反映当前现当代文学研究界的一般状况。通过两天的会议，我的观察符合我的预期，从基本面上来看，现当代文学研究普遍陷于观念的陈旧和落后，视野仍然狭小，很多人甚至还局限在二十世纪八十年代的理论和方法之中，对当代人文学术的进展缺乏了解，对当代世界的状况也非常隔膜，这显示了这个学科日渐老迈的一面。但与此同时，这次大会也显示了新生力量的崛起，自二十世纪九十年代末以来一直酝酿和累积的学术变化已经渐渐汇聚成新的潮流，这代表了这个学科富于自我批判性和活力的另一面。

记：您觉得这次会议有什么亮点和特色，和其他会议有什么不同的地方？

刘：我觉得这次大会最吸引我的，就是它的众声喧哗，良莠不齐，它充满了观念张力，始终贯穿着不同的学术世界的交锋和争辩。由于参会人员较多，大会分了 10 个分会场，设置了不同的议题，让不同的立场、观念和方法在不同的会场尽情表演，有的让人眼前一亮，有的让人非常失望，听众和参会者不断串场，一切看在眼里，水平高下，自有判断。

这就是开大会的意义。它展示给我们别人在干什么，怎么干的，它让我们心惊，也让我们窃喜，它让我们看见别人一骑绝尘的背影，心生追随之感，也让我们看见自以为是的平庸，提醒我们不要落入故步自封的陷阱，它让我们看见另外的天地，也让我们看见自身的潜能。总之，这样的会议既展示优异，也展示平庸，既展示意义，也展示无意义。它让我们更清晰地认识自己。所以，这样的大会不追求学术创新，它只展示尺度的存在，只展示差别，这样的大会让我们重新找到自己，重新校正自己的学术目标，提醒我们不要被平庸淹没，不要安于现状，时刻准备突出重围。

今天的大会一下子来了那么多代表，这还只是一个小小的中文二级学科，他们来自全国各地，它提示着我们全国2000多所高校有多少人在从事文学研究，多少人在从事文学教育。虽然我们理性上都知道这个庞大群体的存在，但是，当大家聚集一堂时，仍然给我们以直觉上的冲击。这让我们不禁产生一种小小的虚无之感和幻灭之感。而平时我们总是对这一意义刻意回避。有时候，我去北京的万圣这样的学术书店，总是会产生一种沮丧感，我们辛辛苦苦写一本书，潜意识里面总是把它当成这个世界上最重要的书，似乎每一个人都在关注它，其实并没有人关心。在让人迷失的图书丛林里，我们多写一本又有何意义呢？同样，如果这世界上有那么多人都在搞文学研究，而我们搞得和别人一样，那么，还搞它做什么呢？所以，不要轻易地嘲笑别人观点可笑，思想落伍，我们自己的研究在别人眼中又是什么形象呢？当我们为自己解决了一个学术问题而自得的时候，自以为推进了现当代文学学术创新和开拓了新领域时，是不是也应想想，我们这门学科本身的存在在这个时代还有什么意义？对建立一个更美好的更公正的世界做出了什么贡献？

近400人的大会无声地提出了这些议题，它潜伏在我们会议手册的背面。

中国现当代文学研究是在二十世纪七十年代末建立，在八十年代兴盛的，它的活力和本质在于以学术的话语同步于时代，深层次地回应着历史的问题，这是它不同于古代文学和世界文学学科的关键所在。在二十世纪九十年代以后，现当代文学研究逐渐成了经典化的有学问的学科，在学院体制中也获得了应有的地位，我们也慢慢变得心安理得。却不知，这正是我们丧失自我的表征，正是危机的征象。今年大家都在四处赶会，我们在路上是不是也要想一想，为什么开会？为什么写文章？我要教给我们的学生什么东西，仅仅一堆可以考试的知识要点吗？

总之，“武林大会”让我们看到了那么多的同行，也引导我们看到江湖，看到世界，看到众生，更看到我们自己。

记：您觉得目前阶段的海南人文学术的总体状况如何？

刘：我对海南的人文学术非常看好，海南偏居南方之南，固然有其远离主流学术资源的地缘劣势，但却也因此远离了主流学界的故步自封，少了各种羁绊。天高皇帝远，天高任鸟飞，正好开创新天地。我们应该看到，网络时代，学术资源的劣势事实上已经快被拉平了，当然，学术的政治资源仍然垄断在中心城市，但那只能让你多获几个奖，同样的水平（甚至更差的水平）却具有更大的名气，占据更显赫的江湖地位，也仅此而已，它们无助于你提高真实的学术水平和思想能力，同行们对此心里是清楚的，口头不承认是另外一回事。我决不认为海南做不出一流的学术和创作，韩少功和张志扬等先生已经做出了回答。海南正在汇聚一批二十世纪八十年代出生的新生力量，他们的抱负和能力放在全国也是一流的，当然，不可否认，他们的人数还太少，还没有办法形成一种可以清晰被辨认的力量，可是，这个团体正在不断壮大，或许不用太久，它们就会被刮目相看。海南的战略地位越来越被重视，相信它的未来发展也会吸引更多的优秀人才加盟。海南学术队伍的未来是值得期待的。

记：您身兼海南批评家协会主席，对海南当代文学批评看法如何？

刘：海南的文学批评目前处在爆发能量的前夜，它或许会更早地显示海南人文学术的能力，它将是一个突破口。中国当代的文艺批评要有新的话语，海南历史负担小，束缚也少，可以先行先试。我们想走不太一样的路。

与海南大学中文系同学谈文学

时间：2011 年 10 月 27 日

地点：海南大学泰坚楼

记者（以下简称记）：刘老师，您好。

刘复生教授（以下简称刘）：你们好。

记: 非常感谢您能抽空接受我们的采访，下面我们的采访开始。像我们这样的大一新生，在刚刚走进大学时，很多方面都存在着许多困惑，甚至说有点迷茫。您也是从大学走过，您在我们这样一个阶段对大学是如何规划的呢？对当下的大学生如何规划好自己的大学生活又有什么建议？

刘：我们上大学的那个年代，即二十世纪八十年代末九十年代初，和你们现在的差别很大。我们那时的经验不一定适合你们，但是有些方面可能是共通的，可以一起分享。上大学，是从被动地接受某一特定范围内的知识到主动去追求自己所感兴趣的知识，甚至是去发现关于这个世界的秘密。也就是从一个被老师“喂养”的状态转变到自己主动“觅食”的状态。这个跨越是很大的，某种意义上，大家大学第一年所产生的茫然其实就是这个转型期的心理不适应和焦虑的反应。但是一旦转变过来了，你就会发现学习很美好。大学一年级要尽快完成这个转变，在我看来，第一年只要完成了这种转变就是成功的。大学的学习，自己感兴趣就行，别受制于那些教学大纲、老师的教义，其实很多东西不见得你就非得掌握得很好。比如说你喜欢当代文学或古典文学，那你就把更多的精力投入到这两个领域去好了，尽可能广泛地掌握这个专业领域内的已经经过历史检验的优秀的学术成果。大学的学习，你必然要有所侧重，这样你会对它了解得越来越细，进而达到一种研究的境界，大家不可能也没必要像高中那样每门课都要做到足够优秀，都投入同样多的精力，在大学这不见得是一种好的学习方法。大学应是钻研学问。当然，大学一年级可能离这样一个目标还很远，但是你一定要有一种去探索的冲动，你甚至会去探索一些别人不太注意的某个专业领域内的内容，也许在别人看来，它没有什么太大的价值，你可能会为了寻找某个答案阅读很多的材料，看相关的书籍，利用大学提供给你的各种各样的学术资源，进行研究性的探索。这才是大学。

记：您刚才的讲话中提到了文学的理解，您学习和研究文学这么多年，一定对文学有着很深的感情，能谈一谈您对文学的理解吗?

刘：二十世纪八十年代的时候，普遍具有一种所谓“纯文学”的观念，认为文学是一个单纯的关于人的心灵、陶冶情操的东西，是一种能带给人美感的艺术。现在我不倾向于这样理解文学。我觉得文学书写着一个社会的自我理解的历史，就像每个人都有自我意识一样——每个人意识到我是我，我和他人是什么样的一种关系，我是什么样的角色，我的目标是什么。如果把一个时代比喻成一个人的话，它大体上也有一个自我意识，它的内部既有统一的方面，也有分裂和矛盾的方面，有它的理性诉求和复杂的潜意识。所以，我们理解文学其实是在理解一个时代、一个社会在某个特定历史阶段的一个精神性的、观念性的自我。我不希望大家把文学封闭在所谓语言艺术的内部。我现在给大家上课也在贯穿这种意识，理解文学，就是更好地去理解一个时代，理解和我们当下紧紧关联的过往和现实，理解我们自己，所谓文学艺术，总是以一种微妙、深刻的方式表达出处在特定历史情境中的我们的梦想，它是沉淀在人们心中的历史，它总是在试图打开通达美好未来的窗户，让我们去寻求超越现实的另外的可能性。所以文学，从来不是和社会、政治、经济没有关系的事情，它本身就是社会历史的一部分，而且是其最深刻的一部分，它深入到精神层面，深入到每个人的梦想深处。

记：大家都知道，您和像您一样专注于文学研究的学者对于文学界各类话题的探讨是十分具有权威性的，但是相比之下，普通民众对文学的理解可能更浅一些。您是如何看待文学的这种平民性和专业性之间的隔阂呢？

刘：这得看你想从文学中得到什么，文学是可以从不同的层次上去看的。如果你作为一个普通的读者，希望从文学中得到某些知识，或仅仅是一种人生的安慰以及愉悦，这也是可以的。但是就我个人来说，是不满足于这个状态的。正如前面所说，我是希望通过文学来看历史，来看某个时代的思想状况和一般的精神史，所以我看文学的层面就不一样了。当然，这也不是说有高下之分或深浅之别，我认为所有对文学的阅读都是平等的，只不过思想准备不一样，个人兴趣不一样。文学是一个开放的东西，什么人喜欢文学，是基于什么样的理由喜欢文学，这个不一定是统一的。

记：我们现今的社会，随着文化产业化的发展，文化的商业性也越来越明显，文化逐渐开始作为一种商业手段，有很多人对此提出了担忧，您对这种现象又是如何看待的呢？

刘：文学和商业早就有关系，尤其是在近代，印刷产业、阅读产业兴起之后。很多时候，文学其实都是商业化的一部分。有的作家明确以追求商业利润为目的，但这并不妨碍他们写得好。有些作家还要靠版费或稿费来维持生计，你让他们不关心自己作品的销量，这显然不现实。但是我们也要看到另一个问题，如果文学仅仅只被当作一种挣钱的工具，那么这样的文学是很难达到一定水平的。虽然商业利润和文学之间并不是决然对立，但是有时候的确又是有矛盾的。文学不应作为一种单纯的商品，它还有一种精神品质和道义担当。很多时代，都有单纯为金钱的写作，当下，以“纯文学”之名招摇撞骗的商业写作遍地皆是，但是，公众会做选择，历史会做选择。

记：在很多人眼中，您是大师，获得过许多奖项也有很多著作。那么您对自己到底又是怎样一种定位呢？

刘：我只是一个还有所追求的读书人或学者而已。我的事业其实才刚开始，它仍然要求我进行艰苦的自我锤炼。说点大言不惭的话，我自己还有很多很远大的目标，虽然不一定能实现，这要看命运。我希望我能够真正地做出一些有价值的研究成果出来。所谓有价值，不是指所谓的学术界怎样评判，不是当下的学术体制如何认定，比如获什么级别的奖励，发表多少权威期刊的论文，等等，而是希望它能经得起时间的考验，一方面它必须是学术的，另外一方面它又是能对社会实践或历史进程产生某种影响的，当然更可能是潜在的影响。我这么说似乎有点吹牛，一个搞文学研究或文学批评的人能有什么现实影响？但其实，好的文学批评从来都是真真实实地影响历史的。我希望当代的文学研究，当代的文学批评能够为当代世界提供一种有益的批判性思想或有活力的思想，否则总是关起门来故作高雅、喃喃自语，有什么意义呢？也可能，在当代，这种追求是不可能的，但努力试试吧，做不到自己认了。正因为有这个目标，我现在处在一个幸福的状态，感觉自己还可以为一件事投入身心。

记：我们这一代处身在一个特殊的时代，在中国作为所谓大国崛起的时代，您曾提到过我们担负着两个重大的历史使命，即让中国的崛起更公正、更稳健和文化上的崛起。那么，您对我们这一代青年人有怎样的寄语呢？

刘：你们是赶上了一个大时代，不是说大时代就是辉煌和崛起，而是说这是一个孕育着巨大可能性的时代，甚至孕育着与这种可能性相伴随的种种危机的时代。根据历史的经验，这样的时代是要出一些人才的。现在我们中国的所谓发展成果还不是很可靠，我们历史上屈辱的时间太长了，所以往往对自己的成就很看重，有一种小富即安的沾沾自喜，这是一个很危险的信号。你们在这个时代承担的使命比较大，要摆脱这种政治上、文化上的庸俗的状态，而你们也有这样一种可能性，因为你们处在一个不再迷信西方、开始有文化自信的时代，这样一种时代处境，加上你们自己面临的来自生活方面的种种挤压，你们承受的这个时代的痛苦，这些都是你们为中国寻找新的道路的动力源泉。你们可能生在了一个鲁迅所谓的“大时代”——一个可以由此得生，也可以由此得死的时代。前面的几代人已经做了他们应该做的工作，下面就轮到你们了。我不是说你们每个人都要去思考这样的大问题，而是说你们汇成一个整体最后肯定要对这个问题有所回答。

记：听了刘老师您的讲话，的确让我们对文学的了解更进了一步，同时也认识到了我们肩上责任的重大。再次感谢您能够接受我们的采访，谢谢。

刘：其实这样的谈话很有必要，我也欢迎更多的同学来和我交流。同时也谢谢你们。

〔记者：李思柳、梦月〕

文学的历史能动性

——与徐志伟的访谈

徐志伟：复生兄，你是二十世纪七十年代出生的批评家中的老大哥了，但你专业从事文学批评工作的时间似乎并不算早——你的重要论文基本都是最近五六年发表的，在此之前，你曾在某电影电视剧制作中心任策划、文学编辑，当时为什么选择这样一个工作？后来是怎么转到文学批评的道路上来的？

刘复生：我是 1970 年 12 月出生的，和一些二十世纪七十年代末期出生的朋友一起被人称为“70 后批评家”，总让人感觉有些别扭，有些像冒充的。其实自我感觉上，我倒是和二十世纪六十年代末出生的学者拥有更多共同历史经验，并分享某种相近的观念结构与人生态度，但现在这种代际划分方式搞得我和那些 1968 年和 1969 年出生的学者仿佛是两代人似的。

在一定程度上，不同的历史经验与集体记忆的确会塑造相似的观察世界的角度与思考方式。二十世纪六十年代末及七十年代初出生的这一批人以边缘性身份经历了“伟大进军”的八十年代，那时我们已进入高中，处在阅读与思考的青春年纪，后来还普遍光荣地考入中文系，并喜欢上了西方的现代主义和中国的先锋派。作为近距离旁观者，我们还见证并感受到了二十世纪八十年代末期的历史震荡。这种边缘身份意味特别：一方面，通过那个时代的思想舆论氛围，比如流行书目与师长，我们接受了“新启蒙主义”的思想影响；另一方面，我们还不是历史的主体，二十世纪八十年代还不是我们的时代，虽然跟着起哄，但介入其实并不太深。我们和鼓动这场启蒙主义的知识分子不同，我们没有经历过以“文革”为中心的历史，因而，启蒙主义文化包括审美文化试图推动的真实历史实践对我们而言是外在的。

我们还经历了后来的激进的市场化改革，两个时代的反差使我们倍感迷茫，一个是高蹈的理想主义的二十世纪八十年代，一个是世俗化的九十年代。我们也算经历了中国特别重要的转折年代，这和二十世纪七十年代末出生的朋友不太一样，他们进入的历史是既经转折之后的社会文化现实，他们没有转折本身的体验，他们进入历史时，社会转折或思想清场已基本完成了。

我们这一拨经历过二十世纪八十到九十年代历史转折的人，一方面，至少在形式上，继承了八十年代的介入现实的批判性精神——这的确是八十年代好的传统，尽管其内容颇为复杂而含混；另一方面，我们又有一种天生的面对历史的无力感甚至事不关己的犬儒态度，一般不会具有强烈的政治激情，毕竟我们所理解的社会参与是八十年代式的，它本质上和我们关系不大。因而，很自然，我们接受了“学问家”的诱惑，一路开始了硕士、博士、讲师、副教授、教授的学院履历，既别无选择地接受了理性化的现代学术体制，但又不太甘心。这一点对学术道路的选择还是有影响的。

我的文学批评工作其实开始于二十世纪九十年代中期，也发表了一些文章，但由于还受制于八十年代那一套文学观念，很不成熟，也没什么影响。所以，也可以说，我真正的文学研究与批评生涯是从在北大跟洪子诚先生读博士生开始的。在读博之前，我曾在山东电影电视剧制作中心工作过。当初去那里工作，纯属偶然，不过，5年的工作经历的确让我学到了不少东西，尤其是了解了当代大众文化生产的机制，这为我后来从事文化研究，包括研究"主旋律"文学提供了某些便利。

徐志伟：综观你的批评文章，大体可分为这么两类：一类是对二十世纪八十年代的知识生产方式和文学观念进行反思的；一类是对二十一世纪的"主旋律"文学进行重新理解和阐释的。先说第一类，你为什么要对二十世纪八十年代的知识生产方式和文学观念进行反思？你的出发点是什么？

刘复生：对二十世纪八十年代的文学观念进行反思，这对二十世纪六十年代末及七十年代初出生的学者来说，具有一定的普遍性，虽然个人风格不同。这既有代际经验方面的原因，又有知识背景方面的原因。二十世纪七十年代早期出生的这批人多少还是继承了八十年代式的现实激情和批判性精神（反倒是曾深度参与了八十年代的上一代人在某种强烈的历史失落感中更容易心灰意懒地退守书斋，为学术而学术），但当我们试图切入九十年代以后的现实命题时，却发现我们不得不面对八十年代的问题，于是，我们从"现代化"出现危机的现实开始，不得不返回"新启蒙主义"的源头来考察，追问两个时代之间的关系。我们关心的焦点在于"新启蒙主义"的历史逻辑如何生产出了此后的历史实践和社会方案，并仍在潜在地支持、加固着当下的现实秩序，为之提供着曲折的、合法化的论证。而那时的文学观念和文学制度，作为一种美学的意识形态或"理性的狡计"，充当了这种新时期意识形态的急先锋和最具感染力的鼓吹者。当然，从二十世纪八十年代到九十年代，作为一场内容含混、成分庞杂的思想运动，"新启蒙主义"呈现出一个不断缩减和窄化的精神史过程。它最初针对社会主义旧体制的巨大解放性和革命性意义是显然的，它一开始所呼唤的那个假想中的“西方”世界其实更多是替代性的乌托邦的象征，只是批判旧体制的一个理想化的现代方案和思想资源或价值系统。但是，这种解放性的潜能慢慢耗尽了，自由、个性、自然人性、欲望这些启蒙主义的理念也就慢慢庸俗化了，被新的实质性的历史内涵和政治意义所取代，“西方”也逐渐落实为美国化的现代世界，这中间伴随着不同的政治力量对新启蒙话语意义的解释权和控制权的争夺，同时进行着一场象征领域的不可见的激烈的博弈。二十世纪九十年代中期以后，这场静悄悄的争夺明面化了，这就是“新左派”与“自由主义”论争的来源，从某种意义上说，它是一场捍卫最初的“新启蒙主义”价值原则的论战，虽然所谓“新左派”以批判现代性表明了与“新启蒙主义”的决裂，但是他们的批判更多指向被狭隘化、庸俗化了的“新启蒙主义”，从而试图给民主、自由这些启蒙主义理念重新注入新的实质性内容——而这在本质上也是“新启蒙主义”最初的诉求，至少是其重要内容。“新左派”作为所谓“自由左派”（这是一个有意味的命名）只是在发现“新启蒙主义”已成为被扭曲的精神遗产时才开始了与它的决裂，“人文精神大讨论”是一个颇具症候性的过渡。所以，在启蒙主义阵营分裂为“自由主义”与“新左派”以后，在“新左派”话语中，“谁的自由？”“实质性的民主”等表达经常出现，而自由主义顺手给对手戴上的“左派”帽子也就显示了某种思维惯性，同时也具有了污名化的效果——与启蒙主义这样的现代价值对立的不自然就是“左”吗？

在自己的研究中，我毫不掩饰对当代思想史的兴趣，并不认为这是不务正业。事实上，当代文学实践正是这一思想史的感性的展开，文学既从当代思想与意识形态的演变中吸纳了深层的叙述动力，也为这种思想实践及其现实化提供了美学想象力。离开了对这一过程的理解，我们如何能更好地把握文学的走向和领会文学的表达呢？

所以，我开始思索复杂的二十世纪八十年代和九十年代及当下的逻辑关联。它那最初的、丰富的可能性如何缩减为市场化的历史实践？这中间的历史动力和机制是什么？各种社会力量如何参与了对二十世纪八十年代“新启蒙主义”的建构？文学又在这一过程中扮演了何种特殊角色？这一历史过程又如何构造了文学的本质与形态？

从个人的角度说，这种研究也关涉着我们的成长经历，我也更愿意从追问作为我们生命内在部分的二十世纪八十年代开始，从而把九十年代以后以至当下的历史贯穿起来，以建立一种清晰的历史感。所以，这种研究不可避免地带有点自我反思甚至自我批判的色彩，我们不得不清理自己身上的二十世纪八十年代观念。理解历史总是伴随着理解自己的冲动，因而这是一个理解历史和理解自我的双重过程。当然，这种过程并不总是愉快的，它有时会损伤八十年代的某种美好记忆，好在我们与八十年代观念的关联并不是太深，在某种意义上，这为我们批判性地反省“新启蒙主义”提供了有利条件，既有某些真切的经验又不会轻易被它囚禁。这种反省对我们来得似乎更轻松些，不像“知青”，更不用说“右派”那一代人，他们的反思就痛苦得多、艰难得多，当然，如果一旦完成，也深刻得多。

我个人更多地具有思想的兴趣和对当下历史的关切，我不知道这是否和二十世纪八十年代的影响有关。说实在的，我当初喜欢文学，正是因为八十年代文学扮演了思想性的现实批判者的角色，那时的文学具有历史的能动性或实践性，虽然当初我真诚地相信“纯文学”的神话，但其实真正看中的是它的这种能动性地介入现实的品质。所以，我们这一拨人虽然都不同程度地迷恋过“纯文学”，但后来都开始了深刻地自我反省，因为，我们发现，当初喜欢的“纯文学”原来是有它坚硬的文化政治内容的。不难发现，二十世纪六十年代末至七十年代初出生的这批学者有时表现出某种相近的学术道路的选择，不是偶然的——虽然大家各有各的风格与研究领域，比如罗岗、姚丹、贺桂梅等。

另外，从文学史研究的线索来看，二十世纪八十年代形成的那一套关于文学的叙述在当下也发生了深刻的危机，它关于纯美、人性、自律性等等的说法由于丧失了它最初的针对性而变得空洞无力，不但没有现实的革命性，而且越来越沦为替某些不合理秩序和历史进程的辩护，它的普遍性色彩剥落了，这套话语的历史性裸露出来了。它背后的真实的历史逻辑和政治意志呈现出来，而我们的研究则是要通过谱系学的分析，把这套话语的“普遍性”还原为特殊性，这里面带有政治意识的自觉化倾向。过去的文学理论或批评只是不自觉于自己的政治而已，它是借美学与人性谈政治，而现在我们试图借政治谈美学——二者原本就不像二十世纪八十年代理解得那样不相干，当然，二者也不像教条化的马克思美学理解得那样直接相关，二者是通过一种特殊的中介或机制紧紧扣合在一起。

再者，对二十世纪八十年代文学观念的反思和对全球化的资本主义文化逻辑的批判也是紧紧相关的。二十世纪八十年代的文学话语是在从冷战体系解体走向后冷战体系的世界语境中产生的，它和七十年代以来的全球性的“新自由主义”意识形态有着深刻的关联，表现在文学观念上，就是追求文学的现代化——以西方文学为尺度的现代化，对非政治化的文本自律的预设，对原子化个人主义的强调，对公共性和社会理想的排斥……它暗中强化着一种市场资本主义的世界秩序。二十世纪八十年代的知识分子大体上是相信一个普遍的、合理的世界秩序的，而二十世纪九十年代中期以来，这种幻觉难以为继了，这和以美国为首的西方世界在苏联解体后无所顾忌地推行全球霸权有关。不平等的世界体系，以及由此导致的战火、恐怖主义，每天都在提示着这种世界体系的非正义性，而中国国内的社会危机和这种世界体系的联系也越来越明晰，能够被我们切身地感知到。世界范围内针对全球资本主义的批判性理论的兴起也具有启示意义，这些知识、理论资源为年轻一代知识分子提供了批判的武器。不过，需要说明的是，因为我们正在感受到这样的现实，才需要这样的理论，而不是像有些“右派”说的，当代中国的批判性思想是受了这样的国际左派理论的影响，所谓“新左派”才发现，甚至“发明”了中国的资本化与市场化的现实，这完全是本末倒置。而且，汪晖等批判知识分子事实上已成为影响世界左派理论的原创性的理论家，对中国现实的深刻阐释已具有了理解全球世界体系的普遍性意义。不可否认，当代文学研究领域内对现代观念的批判性思考和这种思想氛围有关，更和当代文学观念暗中试图加固的当代世界秩序产生的社会危机的深化有关。当然，文学研究对现代观念的批判不能简单地看作是对当代批判性思想的一种回应和丰富，它有着自己的学术史背景，也有属于自己的问题意识和方法论。

徐志伟：“新启蒙主义”的文学实践是什么样的？它对文学造成了哪些压抑？

刘复生：我的一部分研究贯穿着对“新启蒙主义”的批判，但专门以此为题，进行纯理论描述的只有在2004年发表的一篇文章《“新启蒙主义”文学态度及其文学实践》，我的主要观点是，“新启蒙主义”及其美学表达以其强大笼罩力量直接塑造了二十世纪八十年代的文学实践，在某种意义上，文学只不过是“新启蒙主义”在逻辑上的展开，是它的一个感性化的形态。“新启蒙主义”

对文学实践的巨大塑形力量是由美学和文学批评来传递和实施的。在二十世纪八十年代的文化语境中，具体的文学实践和文学思潮基本上是由“新启蒙主义”化的美学理论与文学批评构造出来的。由于“新启蒙主义”的力量过于强大，事实上逐渐形成了新的思想。通过这种不无偏激的表述，我有意质疑了那种二十世纪八十年代的文学是自由的，而“十七年”及“文革”文学是文化专制的说法。我故意使用了“压抑”这样富于刺激性的表达，只是想说明，二十世纪八十年代的文学也是在排斥他者、压抑掉其他的可能性的前提下建立起来的，包括和官方意识形态达成同谋性的关系。所谓自由多元是一种表象，它只不过是一种新的文学制度取代了旧的文学制度而已，虽然二者在具体的表现形态、意识形态内容、控制技术等方面有比较大的差异（其实也有很多内在的联系），压抑的程度上也不一样。不难看出，在对二十世纪八十年代的评价上，我和我的导师洪子诚教授的观点似乎不太一致，按洪老师在《中国当代文学史》中广为人知的说法：相对于二十世纪五十年代至七十年代的“一体化”，八十年代以后的中国文学呈现为一种“多元化”的格局。当然，洪老师的意思并不是说二十世纪八十年代没有控制，而是说压抑性要小得多，可以容纳相对多元的表达空间。可以说，我和洪老师在基本判断上没有矛盾，只不过在理论上我更激进一些，认为这种多元性可能只是新的、建立在“新启蒙主义”观念之上的文学体制的一种策略，一种理性的狡计，也正因如此，它才不像旧的“一体化”那样脆弱，而能够保持一种活力，其基本的方面是有同质性的（可以参考《洪子诚教授访谈》，《北京大学研究生学志》2003 年第 4 期）。这种思路也体现在我的“主旋律”文学研究中。

徐志伟:“新启蒙主义”是否能够涵盖整个二十世纪八十年代？这里面有没有不一样的文学实践？

刘复生：“新启蒙主义”肯定不能涵盖整个二十世纪八十年代，其实也很难说“新启蒙主义”是一种具有内在统一性的思想运动，它主要表现为一种“态度的同一性”。我大体上用它来指称那种追求西方现代性并将之视为唯一的普遍性的文化心态，以及与此相关的在传统与现代、中国与西方的二元框架中考虑问题的思维模式。它暗含着把中国与西方本质化的倾向，在意识形态上则与全球范围内的新自由主义思潮有一种自觉不自觉的呼应关系。应该承认，包括文学界在内的知识界在二十世纪八十年代总体上具有一种“新启蒙主义”的态度，但是，一方面，它不能全面代表二十世纪八十年代的文化观念，也不能说“新启蒙主义”影响下的文学不存在另外的文学实践。应当说，二十世纪八十年代作为一个充满历史能动性的年代，的确蕴含着多种丰富的可能性，在文学创作上，像寻根文学、先锋小说态度就非常暧昧，虽然它们在很多地方表现出“新启蒙主义”的倾向，但同时也呈现出对“新启蒙主义”的质疑与疏离。另外，在很大程度上，很多优秀的作家并没有被“新启蒙主义”捆住想象力，像张承志、韩少功、王安忆、张炜等，不过，这些创作的含混意义往往被“新启蒙主义”化的文学批评所窄化，有些明显不符合主流观念的创作则被漠视与排斥，比如同样是对革命历史的书写，当时大家只关心解构社会历史“宏大叙述”的新历史小说，关心写人性的《皖南事变》，而对《地球上的红飘带》兴趣不大。另一方面，“新启蒙主义”自身成分也非常驳杂，且存在着一个演化的过程，在不同的历史语境中具有不同的意义和针对性，不能说因为表现出某种“新启蒙主义”态度就不具有积极意义。

我承认，这篇向“新启蒙主义”开火的文章表述上比较偏激，不够稳健。写文章时相对年轻，火力很猛，过于追求片面的深刻，也有意使用了一种矫枉过正的理论策略。这篇文章发表后产生了一些反响，也受到一些批判和质疑，记得在针对这一组文章（《文艺理论与批评》杂志推出的“反思八十年代”的专辑）而召开的小型研讨会上，韩毓海和旷新年两位先生就指出，我的文章有妖魔化二十世纪八十年代的嫌疑。其实我也并不是要全面否定八十年代，我只不过是单拣它坏的一面集中批判而已，至于八十年代好的传统我先放在了一边。当然，这样的确容易让人误解，后来我自己也有文章试图更公正地、全面地评价二十世纪八十年代，表述上就注意多了，也成熟多了。

徐志伟：对二十世纪八十年代的知识生产方式和文学观念的反思也构成了你对二十一世纪的“主旋律”文学进行重新理解和阐释的一个前提，对吧？那么，在你看来，“主旋律”文学在处理文学与历史、文学与现实、文学与政治的关系上，有哪些突破？

刘复生：不错，反思与批判二十世纪八十年代的文学观念是我研究“主旋律”文学的前提，事实上，只有跳出八十年代的那套文学观念，尤其是“纯文学”的标准，比如文学的内部与外部，才可能将“主旋律”文学纳入视野，因为，按照八十年代的“审美规范”和判断尺度，“主旋律”文学是不太够资格被称为文学的，就算被称为文学，最多也只能是次一级的文学——有点类似流行读物或通俗文学甚至官方意识形态的宣传品，没有多少研究的价值。八十年代的那套有关文学的假定是一套柄谷行人所谓文学的“装置”，类似一架望远镜，通过它，你不可能看见“主旋律”文学这类事物。而一旦跳出八十年代以来的文学观念，“主旋律”文学的意义和研究价值就自然浮现出来了。

从学术研究上说，“主旋律”文学以一种更为集中、更为戏剧化的方式包含了这个时代的文学秘密。它呈现了一个复杂的意义博弈也是意义生产的空间，“主旋律”文学的内容或意义是在与历史、现实的缠绕和互文本关系中产生的，也是不同的意识形态进行意义争夺的结果，比如官方的正统意识形态、与官方意识形态具有深刻的同谋关系的市场社会的意识形态，以及对当代社会的批判性思考与质疑，都试图争夺其意义，某些作家在“主旋律”外壳中也在试图注入对官方意识形态的批判性内容，因为只有通过这种形式，某些不合法的内容才能合法呈现，如“反腐败小说”，另外，像某些“革命历史小说”也是在利用官方意识形态自身的矛盾，重新发掘革命时代的资源对当下进行质疑。其实，所谓“主旋律”并不是一个固定的创作类型，虽然可能有一些形式化的风格特征，但哪些作品被称为“主旋律”并不完全取决于其内容、创作意图等，而更多地取决于其在具体历史文化语境中的实际的意识形态效果。官方主流意识形态的识别机制也是灵活而富于弹性的，一方面，那些官方宣传部门资助、扶持的重大题材创作之类，往往并不能达到预期效果；另一方面，那些纯粹民间的自发的创作行为，却可能在既经产生巨大社会影响之后被追授为“主旋律”作品，当然，这中间伴随着收编和意义的再加工，比如《亮剑》《士兵突击》与《潜伏》等。我认为，“主旋律”文学可以提供一个重新审视当代文学的范本，因为，包括所谓“纯文学”在内的文学生产和“主旋律”文学处在同样的生产机制之中，它们的意义也是在复杂的意识形态网络系统中产生的，只不过表现得更加曲折、更加隐晦而已。

至于“主旋律”文学自身的价值，最主要的，就是它试图恢复或建立与现实的活生生的对话关系，它没有要把自己封闭在文学内部的幻想。在我看来，当代文学的意义就在于具有对现实加以总体化的叙事能力，它重组我们日常的零散化的经验，超越个体的狭隘的经验的限制，重建总体化的生活图景，从而为读者提供一种方向感。当然，应该看到，大部分“主旋律”文学，或者说，“主旋律”文学的基本功能，仍然是支持改革时代以来的新型的主流意识形态，它试图提供的还是一种扭曲的、狭隘的总体化的生活图景，但是，不可否认，通过批判性的阅读，“主旋律”文学在部分地执行着这种文学功能——当代读者的这种能力是很强的，而且越来越强了，从某种意义上说，当代读者是在和官方意识形态玩一场各取所需的意义游戏或意义的游击战，事实上，这也是众多“主旋律”文学广受欢迎，如此具有审美快感的原因，试想，如果它们仅仅是传达主流意识形态的宣传品，这种效果会产生吗？

徐志伟：“主旋律”文学能够满足你对中国文学的想象吗？

刘复生：对“主旋律”文学而言，我更多持批判性的立场，这一点在我的博士论文或专著《历史的浮桥——世纪之交“主旋律”小说研究》中可以看得很清楚。但是，这两年来，我的态度有所变化。那本专著研究的主要是二十世纪九十年代至二十一世纪之初的创作，而近五六年来的创作，让我在“主旋律”文学（包括影视剧）中看到了一种中国文学的新的可能性。这和中国在世界格局中的位置变化，以及与之相关的自我意识的变化相关，这是一个机会与危险并存的历史时刻，能否创造“现代”之后的中国文化，能否有一种“超克”现代危机，创造一种合理、公正的世界秩序和文化价值的想象力和实践力是个关键，否则，我们以极大代价取得的历史成就很容易烟消云散，而如果我们有一种真正的文化自觉和新的创造——当然不是指单纯地恢复“国学”和传统文化，比如在世界各地建立孔子学院之类，才能真正取得深刻的历史成果。退一步说，即使一个民族在文化创造上失败了，它仍不失为一个悲剧英雄，像毛泽东时代，而如果没有这样的文化创造，表面的繁华最多只是庸人的证明，而且注定不能长久，最终只能落下一个历史的笑柄。我并不盲目地看好大国崛起的前景，相反，对这种陶醉我深感忧虑。正是在这个背景中，我重新思考少数优秀的“主旋律”文学提供的一种可能性或它带来的某种启示。某些被称为“主旋律”的创作可以有新的升华。至少一部分“主旋律”文学应超越一般的主流意识形态书写的层面（包括在创作上和主流意识形态保持距离），在文化政治的意义上通过对中国社会生活的叙述开发出中国文化的“普遍性”价值，它应有对中国正在展开的历史有一种文化上的深刻肯定。它应以更高远的自我期许全面超越自己观念上与意识形态上的狭隘性（往往是自我画地为牢），也超越“纯文学”的视野，创造出一种以真正的当下中国为对象和方法的、具有中国气派的文学。这才是真正意义上的中国的“主旋律”文学，它和国家的主流意识形态并不矛盾，只是它不再执行狭隘的意识形态功能而已。事实上，我希望借助“主旋律”创作推动国家意识形态战略的一次转型。当代的所谓“主旋律”文学为何就不能有这种艺术抱负呢？其实，这种期望与其说是对“主旋律”的，不如说是对中国文学的，只是那些“纯文学”没有让我看到这种希望，应该说，指望格局狭小的“纯文学”产生真正了不起的中国文学，可能性不大，在这种模式里，写得再好也不过是中国的卡夫卡、东方的海明威，真正的中国经验，对未来历史的想象力，已经被那一套现代文学的“装置”屏蔽掉了。反倒是某些试图与中国现实对接的（虽然可能是以一种扭曲的方式）“主旋律”文学显示了这样的一种可能性，虽然它现在还远远不够格。

徐志伟：你到海南工作之后，也比较关注海南的文化生态和文学创作，并写出了《海南当代新诗史稿》这样的著作，于你而言，“海南”有什么特别的意味？它是一个对象，还是一种方法？

刘复生：我 2004 年从北大博士毕业，先在山东的某所高校晃悠了半年，很是失望，就跑到了海南大学，当时也有多种选择的可能性，之所以到海南，除了生活上的考虑，也想逃离内地相对成熟的，也让人感到压抑的学术体制和乱哄哄的学术江湖，到相对清静些的天涯海角好好练练“内功”，做点自己喜欢的事儿。我从来不认为“做事业”非得在北京、上海这样的中心城市，尤其是对人文研究来说。

对我来说，海南的确也具有文化上的吸引力，比如有一个非常精粹的知识界的小圈子，韩少功、张志扬、耿占春、李少君、单正平等，有全国最优秀的人文杂志之一《天涯》——我很快就融入了他们。有人说，海南没有文化，这要看从哪个角度讲，从基础文化设施上看，确实有些落后，比如连一家像样的学术书店都没有，整体的学术研究水平也很低。但是，从另外的角度讲，海南又最有文化，它天高海阔，自成格局，充满一种自由创造的精神氛围，没有传染内地的一些僵化作风和思想的陈腐气，这些东西在内地已经习焉不察，久而成自然，即使想反抗也无可奈何，海南就不一样，尤其是对年轻人的成长来说很有利。记得我刚到海南时，韩少功老师就对我说，海南是全国这所剧场的后排的后排，偏远了点，但一切都看得很清楚。另外，海南有相对健康的生活方式，不太理会社会与个人的发展主义的神话，特别讲究内在的精神充实，注重人与人、人与自然的和谐，人们不会像杜拉拉那样整天惦记着升职。这是一种真正的文化！海南这两年发展很快，估计很快就和内地一样有“文化”了，这固然为学术研究创造了物质上的有利条件，也让人有些担心。

海南的这些好处都是我留在海南的理由，这两年陆续有一些有实力、有激情的朋友来到海南，学术研究的力量正在壮大。我和一些朋友们有一个抱负，希望在自由的海南创造点对中国新文化有意义的新鲜的东西。

我到底想成为一个什么样的文学批评家

回想起来，我也算是自幼喜欢文学。自小学高年级，以至整个中学阶级，课余时间有相当多都沉浸在文学阅读中。不过，阅读的主要是中西方经典文学，尤其是中国古典文学，崇拜的作家主要有李商隐、姜夔、曹雪芹等，印象很深的是一度很迷恋类似《花月痕》这样的明清才子佳人小说。当然，阅读片片段段，很不系统，记得当时还用压岁钱订了最喜欢的杂志《文史知识》和《名作欣赏》。对中国当代文学虽说也读一些，但总是从内心里有点瞧不起。

那时的梦想是做一名文学家，或者做个研究古典文学的学者，基本上没考虑过要成为一个当代文学批评家。支持我进行文学阅读的更深层的动力，来自一种对未来自我的理想化想象和预期，那是一种高雅脱俗、卓尔不群、具有丰盈的内在精神世界的理想人格境界，审美正是通往这种理想人生的必由之路，所谓腹有诗书气自华。在少年时期的我看来，自我的人生意义就存在于这种无尽的内在超越和追求之中。现在回过头去想一想，这种关于自我主体性，关于自由与美，并将其与人生意义相关联的思维方式，显然是受到了二十世纪八十年代弥漫的启蒙主义的精神氛围的潜在影响。及至上大学，读了中文系之后，我开始较为系统地阅读李泽厚、刘再复，继而康德、马克思（手稿时期）、朱光潜、弗洛伊德、马尔库塞、卡西尔等流行理论家的著作。或许，也正是从那时开始，自己开始感受到现代理论的魅力，并对允诺了巨大个体自由和解放性的现代和后现代文化产生了梦幻般的迷恋，也由此喜欢上了各种现代主义的先锋派，对当时追新逐异的当代文学创作产生了兴趣，并在阅读和讨论中体验到了一种智性的优越感，比如经常在同学们中间，炫耀式的以一知半解的现代理论装模作样地发掘格非、余华们的形而上意义——那时似乎很崇拜当时崭露头角的青年批评家陈晓明。或许，正是从大学高年级才开始想成为一个很酷的当代文学批评家了吧。于是，顺理成章地报考了中国现当代文学专业的硕士研究生，开始从事当代文学的研究，也发表了一些文学评论文章，自此，我走上了文学批评之路。

二十世纪八十年代末至九十年代初，还是个普遍文艺化的年代，也就是说，文学创作和文学研究——主要是文学理论和中国现当代文学研究、批评及西方现代主义文学研究，这些人文学科是思想最为活跃的学科，如果夸张一点说，它们充当了批判性思想的先锋，并以之为中心组织了诸种社会人文学知识的整体格局、构架，影响了整个知识界的精神气质和自我意识，它提供了其他知识和学科与活生生的现实相连接的历史感觉和想象力，用后学的说法，它提供了这些知识领域的元叙述。

可以说那是一个泛文学的年代，文学是那个时代最闪亮的专业领域，它富于感染力地为知识界，也为整个社会提供了理解现实、眺望更美好未来的激情和思想动力。如果仅仅从职业荣誉感上来讲，二十世纪八十年代的确是一个文学的黄金年代，这种地位来自它的现实批判精神和历史意识。不过，在新时期的早期，二十世纪七十年代末至1985年之前，文学虽然光芒四射，却没有多少人真正把所谓“文学性”当一回事，回头来看，当时产生过巨大影响力、获得文学界推崇的小说作品很多都是大众化读物，非常的不“纯”文学。当时的报告文学也风光无限，在文学场中毫无愧色，甚至一度还抢尽风头，哪像现在基本上被踢出了文学圈，象征资本贬值得不成样子——其实，整个的新时期早期文学就呈现出某种报告文学化的特征，具有某种问题文学的色彩。这固然有其弊端，但却难能可贵地保持了一种天然的与现实相联系的生动气息，即使1985年左右兴起的所谓的“纯文学”浪潮，在最初的时候也具有它非常尖锐和鲜明的现实批判色彩，后来弄假成真，逐渐阉割了文学的立足当下、面向未来的文化活力和历史能动性，丧失了思想的活力和与之共生的艺术上的创造力，也就蜕化为精致的文化摆设和上层阶级象征身份的精神安慰品和消费品，文学界也逐渐成为一个坐吃山空式地消耗历史荣誉的败家子。它言不及义，鹦鹉学舌式地重复主流意识形态，为新的世界秩序进行背书，培植出依托当代文学被政治及资本供养的巨大利益集团。除了极个别作家的个别作品，整个二十世纪九十年代的文学，在我眼里，远逊于之前的创作，尽管它在所谓技术上有了明显的进步。这种状况直到所谓二十一世纪以后才慢慢地发生了些许改变。

公平地说，尽管二十世纪八十年代的文学在思想及艺术上都有它的问题，但因为它的现实感和历史感，理应获得我们的尊重。不可否认，新时期早期的文学能够和历史结成那么紧密的连接，和当时的政治氛围和文化传播状况有直接的关系。不管怎么说，文学的确给了二十世纪八十年代成长起来的青年人理解现实和自我的媒介，在二十世纪九十年代，像我这样怀着朴素的理想投身文学研究和文学批评的年轻人，为数不少，尽管时代已经在发生了巨大的变化，而且更大的变化效应还没有充分显现。同样，在这个时代转折中，文学的功能、意义也在发生着巨大的变化，它已经不再遵守它与我们这些年轻人之间的精神承诺，但是，文学还在依靠历史荣誉延续着它逐渐淡去的余晖，比较文艺化的整体社会思想文化惯性还要维持一阵，这给了仍在高校围城内的年轻人一种虚假的幻象，我们一时还不必要面对那个残酷的本质：当代文学已死，它已成为不关现实人生的、中看不中用的、了无生气的标本。记得 1994 年左右爆发关于人文精神大讨论的时候，正读研究生的我和同学们还在宿舍里很热烈地讨论，并没有把自己专业看得很边缘化。

硕士研究生毕业后，由于某种不得已的原因，我暂时与文学研究分离，来到山东电影电视剧制作中心策划部任文学编辑，虽然我从来没有把这份工作看作是自己的事业，而只是一段人生的插曲，但是，这段为期 5 年的工作经历还是给了我意料之外的收获，最主要的是它给了我一个文学圈和学术圈之外的观察角度。在不了解影视剧的工作内幕之前，我多少对这种艺术创作持有一种朴素的想法，对其艺术性有着某种天真的幻想。而真实的工作接触，尤其是自己亲身参与的策划、“操作”过程彻底击碎了这种看法，它和具体而复杂的社会性因素的关联清晰地裸露出来，而这种种因素恰恰是影视剧的“内部”法则，除了直接的社会压力对叙事造成的影响外，一部戏能否在一般意义上获得成功，最重要的是要看它与主流观念和意识形态进行“协商”的技术，以及和预想观众的政治潜意识欲迎还拒的投合与偏离的分寸把握。而那些真正优秀的剧作，则能够超出各种貌似有理的主流说法，敏锐地发现当下现实核心问题，以之带动，刷新对现实的整体性理解，让我们以新的感受力再度看见总体性现实，激活我们在社会性关系中的伦理判断力，从而恢复我们被各种复杂而又自相矛盾的信息所压制的美感。虽然在我有限的影视剧职业生涯中，我只是极边缘地参与了含有这种创造性因素的作品的创作，但我知道了这一类作品的存在及可能产生的法则。另外，与影视剧创作相比，我也看清了所谓“纯文学”的虚伪和做作，在我所接触的优秀编剧中，没有一个敢于轻视艺术的现实来源和现实指向，对不熟悉的生活不做点功课没有人敢下笔，尽管有些人为了挣钱向壁虚构、粗制滥造，但他们心知肚明，同行更是不齿。不像所谓“纯文学”作家，可以享有脱离现实的特权，以艺术之名胡编乱造却心安理得，似乎脱离现实更能显示“纯文学”的美德。相比较之下，众多的“纯文学”作家既不尊重读者，也不尊重艺术。其实，文学具有更多的自由，不像剧作家和影视剧创作那样受到那么多的限制，但恰恰是这种限制成全了编剧们，他们不敢胡来，或者说，胡来的很快就会被这个行当淘汰。而当下所谓“纯文学”作家却可以滥用自己的自由，公然编织皇帝的新装来维系自己在文坛的地位，难怪主流的“纯文学”被读者所抛弃——年轻的读者们宁可去读毛病颇多的网络文学，也不去看某些知名文学家的作品，不能全怪当代读者素质低，相比于一般的“纯文学”，网络文学中的很大一部分还是接地气的，或回应着人们的现实梦想与集体焦虑，或能够满足人们根深蒂固的对“故事”的渴望。在影视中心的几年，我也基本上不读当代文学作品，发现生活并没有缺少什么，这种感觉在二十世纪八十年代可能是不可想象的吧。这让我不得不全面反省自己对文学的理解，批判性地反思自己的文学素养，质疑那些习焉不察、视为当然的文学观念。

带着这样的问题和困惑我又回到了学院继续读书，通过对文学史的再度深研，尤其是理论的磨炼，我开始升华自己的感受，形成自己的文学判断的标准，也刻苦寻找属于自己的文学研究和评论的较为系统的理论方法和话语风格。在这个意义上，我的博士论文《"主旋律"小说研究》(2005年正式出版时改名《历史的浮桥——世纪之交"主旋律"小说研究》)算是一个尝试，它把产生了巨大社会影响而被主流文学界刻意压抑、排斥的"主旋律"小说纳入研究视野，在复杂的社会历史、意识形态语境和文学场域内部博弈的力量纠缠中来解读文学意义的生产和衍变，并悬置了既往"纯文学"判断文学的尺度，试图在当代批判性思想的立场上对文学的历史意义和美学表达进行判断，极大挑战了当代文学批评的成规。当然，由于博士论文写作的时间压力和特定的学院化的形式要求，这部著作还有很多不能令我满意之处，但它受到的师长们和朋友的肯定和鼓励，这坚定了我走自己道路的信心。

从北京大学博士毕业后，我选择离开首都，先短暂地到山东沿海某高校待了一个学期，就去了海南。我选择离开文化中心区，理由很简单，只是想把生活安顿得好一点，清清静静地练练内功，我从来不认为要做好一个人文学者和文学批评家，非得挤在北京、上海、广州不可，当然，从所谓事业的显在发展上，这些地方的确可以提供更好的条件和机遇。通俗一点说吧，同样的实力，在北京、上海肯定名气更大，发言权更重，也更能实现以自己的想法影响文坛的理想。但是，我怕自己会失去更多的自由，经济、生活的压力，学术场和文学场的压力，都会让人不断地妥协和牺牲。一想到这些，就让人不舒服，干脆上山下海打游击去。干自己喜欢的事，不必看谁的脸色，还要什么呢？事后看起来，这是我迄今为止的人生中最明智的决定。

在海南生活的七八年，让我感受到了不同于北方大城市那种急匆匆的现代化生活的一种慢节奏，海南的确保留了中国传统生活的某种内在气质。这几年也是中国进一步崛起并在文化上产生新的要求的时期，于是，我对全球范围内的文化政治冲突和文化普遍性创造的问题产生了浓厚的理论兴趣，中国文学能否有可能负担起创造一种新型的世界性文化的使命，该如何参与创造新文明的思想生产和美学更新？在与大国崛起的官方意识形态和原教旨主义的传统文化主义者保持距离的过程中，如何以文学的方式参与到创造新的超越西方主导的现代文化之外的新文化，有无可能？当然，这一问题巨大而深刻，似乎不是一个文学批评家应该提的问题，我也不敢狂妄地以为自己有资格回答这样的历史命题，但是，这样的问题必须被提出来，这也不是一个文学外部的目标。为了能更深刻地提出这一问题和进入这一问题，我开始进一步地、更为系统地以某种战略的眼光来梳理、研究中西方的思想史和文化史，在这过程中，进一步发现了自己的无知和任务的艰巨。但是，我相信，只有借助于更为广阔的历史文化视野，对一个民族国家内部，甚至具体的文学现象的理解才能更清晰深刻。

一步步走来，不觉间自己已经不再甘心、也似乎没有强烈的兴趣只做一个文学批评家了。相反，我越来越认识到，要想做一个更优秀的批评家或文学研究者，他必须具有更开阔的视野和文化眼光。年轻时把从事文学当成一种事业，文学本身就是目的；现在我更倾向于把文学看成媒介，甚至用一个冒犯性的词——工具，它是我们想象更美好世界并以适当方式发挥物质性实践力量的历史能动元素。从这一点上说，文学的确是自由的，是让我们打破思想的枷锁和意识形态的欺骗并摘取真实的花朵的努力，而文学批评，除了发现并创造这样的文学，还要不懈地打破对文学自由本质的种种内在和外在的压制，比如陈腐的文学话语和利益集团的操控，释放出它的活力。

从这一意义上说，文学不死。但是，具体的文学形态会死，比如纸媒的小说、诗歌可能会在特定的历史情境和技术条件下退居次要的边缘的位置——不排除它在新的时代条件下复活，应该看到，在某种程度上，当下的电视连续剧正在取代以往长篇小说的叙事功能。事实上，这也是我近年来颇为关心影视剧创作并写作了多篇评论文章的原因。诚实地说，批评家固然有义务把那些真正优秀的作品挑选出来，但更应该关心那些产生了巨大而持续影响力的文艺作品，不管它是影视剧还是网络小说，它们肯定潜藏着社会的梦想和时代的秘密，也可能隐含着某种未来文学的种子，尽管在一开始还很粗陋。最糟糕的批评家才死盯住那些著名的作家，盲目地吹捧，不管他们写出多么糟糕的作品。这是丧失判断力的表现。

文学批评家，理应在视野上高过作家，如果没有一种高于作家的强烈的优越感和自信，他根本不配做一个优秀的批评家。

文学的形态已经正在发生变化，同样，在当前的知识体系中，学科典范也在发生转移，也就是说，最具有思想创造力的知识核心区域正在发生转移。如果说二十世纪八十年代最具思想活力和现实激情的学科是美学、中国现当代文学研究和西方文化研究，那么，当今的典范性学科则是社会学、历史学、政治哲学和政治经济学研究。这种转移背后是新的现实境况和问题意识，自有其历史合理性，文学研究应该接受这种典范转移之后的知识格局，并力争在与其他知识和思想领域的对话中产生新的活力。从这个意义上说，仅仅熟悉美学理论、文学史和大量的作家作品，根本做不好一个文学批评家，因为他无法参与当代思想生产的核心问题。

这给当代有抱负的批评家们提出了更高的要求，他必须高度勤奋，具备足够的视野和能力，对现实历史进程的充分关切和敏感把握，以及高效地汲取和创造性运用各领域知识的想象力，才能洞察已高度复杂化的艺术创作和意义生产机制。那些只关心文学的文学研究者和文学批评家们注定了只是这个时代的文学看客。

汝果欲学诗，功夫在诗外。做一个真正的文艺批评家，难哉！但是，做这样一位批评家，该是多么激动人心呢！只有不放松地努力，假以岁月和命运之助，庶几可以趋近之。